Wiglaf Droste

AM ARSCH DIE RÄUBER

Edition Nautilus

Editorische Notiz: Wiglaf Droste, 1961 in Herford/Westfalen geboren, war u.a. Mofapfarrer, Grätenwerfer in einer Fischmehlfabrik, Rettungsschwimmer und Redakteur bei *taz* und *Titanic.* Diverse Bücher und Tonträger, regelmäßige Veröffentlichungen u.a. in *Titanic,* im *Tip* und als *Schlachtenbummler*-Kolumnist im *Neuen Deutschland.* Seit 1991 rege Zusammenarbeit mit dem Hamburger Zeichner Rattelschneck. Lebt als Journalist, Schriftsteller, Gelegenheitssänger und Mitglied des *Benno-Ohnesorg-Theaters* in Berlin. Der Autor schuldet seinen Verlegern drei Schachteln PolyColor ihrer Wahl.

Edition Nautilus Verlag Lutz Schulenburg
Am Brink 10 · 2050 Hamburg 80

2. Auflage 1993 · ISBN: 3-89401-215-3
Printed in Germany

für Holger Beckers
breites Kreuz

In der Nachbarschaft

Vormittags gegen elf betritt man das Postamt in der Skalitzer Straße. Im Eingang kauert wie an jedem Vormittag ein junger Mann von vielleicht 25 Jahren. „Kleingeld?“ ächzt er; sein Gesicht ist voll pfennigstückgroßer, offener, nässender Wunden. Zwei große Hunde liegen bei ihm, und so muß der junge Mann den Lebensunterhalt für drei zusammenbetteln. Ist das klug von ihm? Oder folgt er nur dem Gesetz, das besagt: Je größer das persönliche Elend, desto höher die Anzahl der Haustiere, die man daran zu beteiligen hat?

Zum Köter jedenfalls hat der Kreuzberger Lumpenproletarier dasselbe schmierig-sentimentale Verhältnis wie der Normalspießer, der seinen fetten Dackel, Wanst überm Trottoir, hinter sich herschleift: tierlieb wie einst der Führer sind sie beide.

Über viele Zerstörte steigt man hinweg beim Rundgang durch die Nachbarschaft, und wenn auch klipp und klar ist, daß man auf der Seite der Marginalisierten steht und, auch wenn sie nerven, nicht gegen, sondern für sie Partei ergreift, so wäre es doch manchmal hilfreich, wenn man sie dabei nicht hören, sehen und riechen müßte. Patrick Süskind und Christian Dior jedenfalls könnten aus dem Bezirk Kreuzberg zwei Spitzenparfums destillieren: Iltîs und Alcôl.

Die Nachbarschaft ist aufgegebenes Gebiet mit aufgegebenen Menschen darin. *Kiez* haben vor „Erfahrungshunger“ (Salman Rutschky) strotzende, sich selbst für links, fortschrittlich, alternativ und gut drauf sowieso haltende Leute solche Quartiere immer wieder genannt. *Kiez,* das klingt nach dem ganz echten und wahren Leben, das ist Zille oder eben auch bloß Zwille sein *Milljöh,* hier kann man vergessen, daß man aus Schwäbisch Hall stammt, und sog. *Lebensgefühl,* gern auch *Authentizität* genannt, abgreifen von Leuten, die das selbst nie so nennen würden, und wenn man den kleinen Erfahrungshunger zwischendurch gestillt hat, kann man weiterziehen und in anderen Stadtteilen den ganz und gar unurbanen Ringelkiez mit Anfassen spielen.

Die Dagebliebenen strunkeln fatalistisch weiter, Bierbüchse in der Hand, autistisch von der Straßenecke aus die Welt kommentierend. Gern liegt Erbrochenes herum in der Nachbarschaft, Einwegspritzen sowieso. Und doch gibt es Tünsel, die raunen inmitten von Junkies und Leuten, die auf offener Straße einen ganzen Pansen an ihre drei stinkenden Riesentölen verfüttern, noch immer mythisch-mystisch von *Kreuzberg!,* verkleiden sich stundenlang und aufwendig vorm Spiegel als *autonom,* was ja eigentlich ein schönes Wort ist: unabhängig; geradezu zwanghaft wird der Kopf umfunktioniert zum Ständer für eine *Demm dirty Fatlocks, ah!*-Frisur, ein paar dekorative Risse in Hose und Jacke, einen Lappen um den Schädel gewickelt, und fertig ist der „Mensch in der Revolte“ (Camus). In kleinen Schrebergärten kann man dann simulieren, was zu sein man sich woanders nicht traut, kann per Dekret eine Fläche von z.B. 40 Quadratmetern zur *patriarchatsfreien Zone* o.ä. erklären und diese frisch erklommene erschwindelte Höhe dann bis aufs Blut verteidigen. Mit Ku-Klux-Clean-Gesinnung kann man verfügen, daß die Gesetze der Welt auf *meine persönliche Straße* keinerlei Anwendung finden, und am Halleschen Tor endet der Horizont.

Wer aber nicht berufsmäßig in der Nachbarschaft wohnt, muß mehr sehen und mehr ertragen. In der U-Bahn gibt sich die Kaskade der Schnorrer die Klinke in die Hand. „Ich heiße Horst und bin HIV-positiv“, mümmelt einer, den Blick gesenkt; kaum hat er seinen Vers aufgesagt und seine Münzen eingesammelt, betritt ein neuer Kunde den Waggon: „Hallo! Ich bin der Klaus und obdachlos!“ geht er seinen Job auf die forsche Tour an; groß ist die Komik der Situation und entsprechend das Gelächter, jener „Klaus“ aber hat seinen Vorgänger nicht mitgekriegt und reagiert sauer: „Hey! Das ist nicht lustig! Aber ich hasse es zu betteln, und deshalb singe ich euch ein Lied. Ich habe es in meiner Muttersprache geschrieben. *My mother was a gipsy, my father was a gigolo“*, beginnt er jetzt mit starkem deutschen Akzent und in schneidendem Diskant zu schreien, *„now she's a famous doctor“* geht es weiter, und an der nächsten Station wird er von einem Puppenspieler abgelöst. Schön wäre es, wenn all diese Kameraden gegen viel Geld im *Cabaret Wintergarten* aufträten, wo André Heller und Bernhard Paul mit der von ihnen ständig beschworenen *„Phantasie, Magie und Poesie“* das machen, was Hitler und Stalin mit Polen gemacht haben.

Nach einer kleineren Reise endlich am Flughafen Tegel angekommen, kann man sich amüsieren, indem man ankommende Inlandsmaschinen abpaßt und die Passagiere betrachtet: identische Männer mit identischen gestreiften Hemden, identischen dunklen Anzügen, identischen Aktenkoffern und identischem Gesichtsausdruck; ob sie alle aus ein und demselben Reagenzglas stammen? Häufig werden diese Irrläufer der Evolution von Frauen abgeholt, die ihrerseits wieder einen identischen Eindruck machen. Oft schon habe ich mich gewundert, wie diese Menschen einander überhaupt erkennen, wie also immer das jeweils zusammengehörende Paar auch zusammenfindet. Selbst langes Grübeln blieb fruchtlos, bis die Erkenntnis blitzartig kam: Nein! Sie erkennen und finden sich gar nicht. Es nimmt einfach jede Frau irgendeinen dieser Männer mit nach Hause, ein Unterschied ist weder für sie noch für ihn feststellbar, die Verständigung klappt problemlos, die Codes sind identisch, die Bedürfnisse auch, und auch Geschlechtsverkehr, Wochenende und, Angestelltenvokabel Nr. 1, *Jahresurlaub* laufen reibungslos ab, egal, wer am Flughafen wen erwischt hat, funktioniert garantiert und überall, in Berlin, Frankfurt, München oder Düsseldorf.

In Düsseldorf, wo ich 1987 drei Monate lang in einer sog. *Agentur für Kommunikation,* einer Werbeagentur also, als *Juniortexter* arbeitete, betraten einmal drei schwere Herren von der Firma *Frenzel* das Konferenzzimmer und heckten gemeinsam mit uns Werbestrategen eine *Kampagne* aus. Einer der drei Sauerkonservenmogule brachte die Sache auf den Punkt: „Das ist doch unsere Frage: Wie ist die Gurke? Ist sie fein? Ist sie herb?“

Wie ist die Gurke? Ich habe nie aufgehört, mich das zu fragen.

Aufstand der Säfte

Nicht immer, aber immer öfter muß ich's in Speisekarten lesen und erdulden: Da, wo *Alkoholfreies* oder *Nichtalkoholisches* angeboten werden soll, prangt feist und falsch *„Antialkoholisches"* — als ob ein Getränk Blaukreuzler sein könnte, geschweige denn wollte. Ach, ungebildet, ja dumm ist allzu oft, ob Weib ob Mann, das Wirtstier und pinselt Mumpitz aufs geduldige Papier. Doch was kann ein nahezu gewaltfrei gepreßter Orangensaft dafür, was ein Wässerchen, das nicht einmal sich selbst zu trüben vermag?

„Antialkoholisches" — ja, ich sehe es schon vor mir, das Defilee von Nektar, Brause und Co. Hei, wie sie die Temperenzlertransparente schwenken: „Glenfiddich, verpiß dich, niemand vermißt dich!", „Voll aufs Maul, Saurer Paul!", „Apfelkorn und Persico = Seveso!" Ein kleiner bebrillter Zitronensprudel verteilt Traktate: „Erst süppelten wir Kellergeister, dann spritzten wir Wodka! OpferInnen packen aus." Eine Abordnung der Anonymen Apfelsäfte organisiert eine Podiumsdiskussion zum Thema „Lieber naturtrüb als künstlich benebelt". Als der angebliche Arzt Dr. Gordons Partei für geistige Getränke ergreift, kommt es zu Tumulten und zu einem ersten ernsten Zwischenfall: Unter „Kurpfuscher!"-, „Scharlatan!"-, „Judas!"- und „Hackethal!"-Rufen wird die Kapazität aus London von aufgebrachten Multivitamintrünken mit geschwungenen Handtaschen verjagt. Im Namen der Gemüseextrakte deklamiert ein etwas verbittert wirkender Sellerie unentwegt: „Dicke Rüben! Weiche Birnen! Laßt den Schnaps aus Euren Hirnen!" Eine Gruppe junger, radikal isotonischer

Getränke will es endlich nicht länger bei nur verbalen Attacken belassen: „Sekt und Wein: SA! SS!“ und „Bier- und andere Flaschen zerschlagen!“ skandieren die Sport-Drinks und stürmen unter der Führung einer Flasche Rixdorfer Faßbrause Hunderte von Schnapsläden und Gastwirtschaften. Ein Sprecher der Firma *Getränke Hoffmann* spricht von „Pogromstimmung“; alkoholfreie Biere werden als Verräter angeprangert, Light-Biere sogar als Kollaborateure gelyncht. Dutzende von Lambruscoflaschen werden geleert und gefedert, Sixpacks laufen um das nackte Leben. Die bekannte Familie *Amselfelder* bittet in Slivowitz, dem ehemaligen Kroatien, um Asyl, wird aber von der mittlerweile dort herrschenden deutschstämmigen *Granini*-Dynastie abgewiesen.

Ich aber erwachte, den Kopf auf einer Speisekarte, aus meinem Alptraum und faßte für den Rest des Tages einen Beschluß: Etwas Stilles Wasser trinken. Und selbst auch den Schnabel halten.

Esoterik

„Nina Hagen hat nicht alle fliegenden Untertassen im Schrank / Sie muß jetzt zu Matthias Reim ins Müttergenesungsheim...“, trällerte ich vor mich hin, während ich im Café saß und den morgendlichen Zeitungsunrat weglas. „Oh, das klingt aber schön“, lächelte die Rothaarige vom Nebentisch herüber — sie hatte den Text nicht gehört, nur das Melodiegesumm, und jetzt schaute sie sehr nett. Sie war ohne Zweifel hübsch, und ihre silbergrauen, fast markstückfarbenen Augen blickten tief, bis auf den Grund. Wir scherzten und plauderten, sie lachte perlend, und dann fragte sie: „Welches Sternzeichen bist du?“

Es war wie ein Tritt in die Zwölf. ‚So eine prima Person, charmant und freundlich, klug- und gutaussehend, warum muß die mir mit der Sternzeichennummer kommen, es ist zum Weglaufen!‘, so etwa tobte es durch meinen Kopf, aber ich ließ mir nichts anmerken, sondern lächelte und log: „Widder“. — „Das habe ich gleich gewußt!“ strahlte sie, ich hätte gerne ein paar Haare gerauft, und ganz sicher nicht meine eigenen.

Als sie mir, bohrend-feuchten Auges und sehr wichtig, mitteilte „Weißt du, ich habe schon mal gelebt“, und nach einer Pause noch vertraulich hinzufügte: „sogar mehrmals“, da gab ich mir einen Ruck und ihr schweren Herzens die Antwort, die zwar nicht stimmte, die sie aber dafür verdiente: „Das sieht man auch.“

Wir haben uns dann nicht wiedergesehen.

Die Frau, das Gesundheitswesen

U-Bahnhof Bayerischer Platz in Berlin-Schöneberg, nachmittags halb fünf. Eine Frau um die 40, alternativen Reformhauscharme abstrahlend, läßt ihren rügenden, verärgerten Blick auf einem Proleten Mitte 50 liegen, der, offensichtlich gerade von der Schicht kommend, trotz des in U-Bahnhöfen üblichen Rauchverbots ein Zigarettchen schmaucht.

„Sie, hier ist Rauchverbot!" fährt die Frau ihn an, er aber pafft weiter, kuckt nur stumm, was die Buntgekleidete umso mehr in Rage versetzt. Er habe hier nicht zu rauchen, giftet sie weiter, erfolglos, und dann steigert sie sich in eine Arie hinein: Ihr sei es egal, wenn er sich ruiniere, und wenn er Selbstmord auf Raten begehen wolle, bitteschön, aber nicht auf ihre Kosten.

Der dergestalt heftig Angegangene schweigt weiter hartnäckig, und so schwingt die unheilbar gesunde Frau sich auf zum Finale: Sie wolle leben, „Ich will leeeben! Leeeeeeben!" dröhnt es jetzt wie André Heller, Erika Pluhar, Konstantin Wecker, Klaus Hoffmann und Milva gleichzeitig aus ihr heraus, und, noch immer rauchend und mit befremdetem Blick, gibt der Prolet nur kurz und trocken zurück: „Wozu?"

Manchmal ist die blöde Arbeiterklasse eben doch noch unschlagbar.

In einer kleinen Beckenbauerei

Eine Begegnung mit Franz B., Pflanze in spe

Einerseits nannte der chronisch vorlaute, naßforsche Sportkommentator Marcel Reif den Fußballspieler Franz Beckenbauer noch am 18.11.1992 „eine Lichtgestalt", und ich will, bei allem Reif'schem Pathos, nicht viel dagegen sagen, denn zumindest im Vergleich zum landesüblichen Gedresche haftete Beckenbauers fußballerischem Stil durchaus etwas Elegantes, Spielerisches, Leichtes, Beschwingtes an, nein nein, als Spieler war er schon in Ordnung, wenn er mir auch als Werbeträger für einen Elektrorasierapparat ungleich stärker in Erinnerung ist, in der, so meine ich, Rolle seines Lebens, denn ihm nahm man sofort ab, daß er jenes brummende Ungetüm, das er anpries, auch selbst benutzte, und zwar nicht nur zur Bartbeseitigung, sondern vor allem, um sich selbst damit seinen unglaublich scheußlichen Haarschnitt zu frisieren; andererseits entnehme ich den Klatschspalten diverser Revolverblätter verstärkt, daß Franz Beckenbauer wiedergeboren zu werden wünscht, und zwar als, nein, eben nicht als Rasierapparat, sondern als Pflanze.

Wie reimt sich das nun zusammen? Sehr gut eigentlich. Denn in Zeiten, wo die Landsleute entweder völkisch-deutschnational oder esoterisch oder beides werden, ist das Kokettieren mit halbbuddhistischem Schnickschnack zwar die harmlosere Variante; auf der anderen Seite sind gerade jene Mitmenschen, die in einem Leben schon für zehn genervt haben, stets besonders erpicht darauf, daß die Gelegenheit zur Wichtigtuerei niemals aufhören möge, und zudem schmückt sich speziell der ausgewiesene Flachkopf der erfolgreichen Art mit dem Gratisetikett fernöstlicher

Philosophie und Tiefe, und einem, der so großmannssüchtig auftritt wie Beckenbauer, muß man zu der Einsicht, daß selbst er eines Tages abtreten wird, ja fast schon gratulieren.

Bevor ich aber, wenn's denn soweit ist, Gefahr laufe, in jeder Nuß, in jedem Flaschenbowist Franz Beckenbauer zu vermuten und entsprechend die Beine in die Hand zu nehmen, nutze ich doch lieber die Gelegenheit, den Mann in seinem diesseitigen Aggregatszustand zu begutachten. Hierzu gibt die Buchhandlung Bouvier am Alexanderplatz am 12.11.1992 um 12 Uhr mittags Gelegenheit: Franz Beckenbauer signiert seine Autobiographie „Ich — Wie es wirklich war", nach „Einer wie ich" von 1975 immerhin schon Beckenbauers zwoter Anlauf, das Top-Thema Beckenbauer mental zu packen. Pünktlich treffe ich in der Buchhandlung ein, die Schlange der wartenden Fans ist lang, „the snake is long", wie der Amerikaner sagt; ich reihe mich ein. Der Menschenauftrieb erzeugt schlechte Luft, es ist warm und genauso langweilig wie die links und rechts feilgebotene Literatur, Pilcher, Böll, de Bruyn, Heym, Kishon, Kirchhoff, puuh. Hunderte von Beckenbauer-Büchern machen sich da gar nicht schlecht, Fernsehn ist auch da, vor mir wird ein Mann im Alpaka-Look gefragt, was ihn denn hierherziehe, oh, antwortet er, Beckenbauer sei eben nicht nur ein großartiger Fußballer gewesen, sondern mit seinem Erfolg auch ein echtes Vorbild, gerade für die Menschen in den Neuen Bundesländern usw. — ach, es gibt viele Variationen der Verblödetheit, und diese, das euphorisch-zwangsoptimistische Nachblöken von Propaganda, ist die spezifisch ostdeutsche.

Irgendjemand hat seinen Anus nicht unter Kontrolle und koffert in den Raum bzw. in die „Tiefe des Raumes", aus der aber nicht Beckenbauer, sondern lt. Karl-Heinz Bohrer Günther Netzer einst kam, und die Wolke der süß-säuerlichen Art, in der alle stehen und tun, als ob nichts wäre, paßt nicht schlecht zu einer Veranstaltung, der ein notorischer Streber vorsitzt, dessen Leben in immerneuen Versuchen besteht, den Stall- bzw. Sammelumkleidekabinengeruch loszuwerden.

Um in der öden Angelegenheit nicht ganz und gar zu verfaulen, beschließe ich, die Dinge ein wenig voranzutreiben, und stehle ein Beckenbauer-Buch. Mal kucken, ob's einer merkt, mal kucken, was, wenn ja, passiert, ich habe keinerlei Erfahrung in so etwas, denn obwohl von Natur aus kühn, ja verwegen, bin ich, darauf lege ich Wert, kein gemeiner Dieb. Merkt aber keiner was, passiert also auch nichts, was ich hier berichten könnte, natürlich lasse ich mir meine Beute signieren, Beckenbauer sieht aus wie auf dem lebensgroßen Foto am Eingang der Buchhandlung, fest und glatt, als habe er drei Hautschichten extra angezogen.

In gehobener Stimmung trete ich den Rückweg an. In der U-Bahn wird geblättert und gelesen, „Ich bin ja ein ganz doller Hecht“ könnte der komplette Buchinhalt kürzer und präziser heißen, 240 Seiten lang immer wieder nur dieser eine Satz, „Ich bin ja ein ganz doller Hecht“, doch, das wäre angemessen, aber die Episode auf S. 85/86, wie Rudolf Nurejew Beckenbauer die Hand aufs Bein legte und wie peinlich das war und wie sie dann doch „gute Freunde geblieben“ sind, die ist wirklich schön.

Asylantenstadel

Am 24. August 1992 gegen 20 Uhr 30 gab ein junger Vietnamese namens Tinh den Deutschen Nachhilfeunterricht in ihrer Landessprache. Vor der Kamera eines ZDF-Teams berichtete er über Hunderte von Schaulustigen, die ihre Landsleute beim versuchten Morden in Rostock — im Mediendeutsch „Ausschreitungen“ und „Krawalle“ genannt — begeistert anfeuerten; nur scheinbar falsch bezeichnete er sie als „die lustigen Zuschauer“.

Die Formulierung „die lustigen Zuschauer“ aber trifft im Kern: Das Gesindel hatte seinen Spaß, der allein dadurch stark gemindert wurde, daß es keine toten Vietnamesen zu kucken gab. Die Meute tobte aus, was das Gros der Deutschen unter Humor versteht: schinkenspeckgesichtige Zehn-gegen-einen-Fröhlichkeit, „höhö, kuck ma wie der brennt, höhö, wie der zappelt, höhö, voll lustig, höhö“. Was Leute dieses Schlages anheizt, ist weniger die Lust, selbst möglichst Wehrlose in Todesangst zu versetzen, zu quälen und umzubringen, sondern vielmehr das Vergnügen, dabei zuzusehen, wenn andere es tun — auch, damit man sich, sollte die Sache herauskommen, „mit Entrüstung und Abscheu“ (Herta Däubler-Gmelin) distanzieren kann; man ist schließlich Humanist. Daß eine Welt, von der man solche Figuren möglichst rückstandslos und mit etwas probateren Mitteln als *Tintentod* weggewischt hätte, eine erfreulichere wäre, steht außer Frage; es ist ein Jammer, daß man Berufsdeutsche nicht wenigstens in die Lager sperren kann, die sie für andere ständig fordern. Die Friedenstauben und -blinden im Land sehen das natürlich anders und betteln die Nazis auf bemalten Bettlaken an: „Zündet Kerzen an und keine Häuser", ein Ansinnen, das beweist, daß der Christ als solcher eben nicht nur so dumm ist wie das Brot, das er permanent mit jedermann brechen will, sondern eben auch noch zu windelweich im Schädel, um einfach bloß hinzusehen: Nicht um „Häuser" ging es, sondern um deren Bewohner, die angezündet werden sollten.

Zwei Tage, bevor ein junger Vietnamese das deutsche Volk zutreffend als eines klassifiziert hatte, in dem auf zehn Täter ein Opfer und hundert lustige Zuschauer kommen, nuckelte, ebenfalls im Zweiten Deutschen Fernsehen, am 22. August 1992 gegen 22 Uhr 10, der Vorsitzende der SPD an seiner Pfeife und sagte diesen Satz: „Die Schicksalsfrage der Deutschen entscheidet sich im deutschen Osten." Ein kräftiges „Heil Hitler!" hätte sich gut angeschlossen, aber sei's drum: Nicht *wie* Engholm redet, sondern *was*, ist entscheidend: Während andere Völker eben bloß Völker sind, ist das deutsche eine Volks-, ja Schicksalsgemeinschaft und hat entsprechend eine „Schicksalsfrage" zu lösen, die natürlich eine große, wichtige, letzte Frage ist, und wer will da pingelig sein und zurückstehen, wenn ein Volk sich erhebt, um im Osten seinen Lebens- oder auch bloß Waschraum zu suchen? Wenn Engholm erklärt, man müsse bei der Änderung des Asylrechts grundsätzlich einlenken, man solle also, in seiner Diktion, Asylbewerber nur „ein Stück weit" anzünden, dann gibt er nicht in erster Linie den Startschuß für neue Pogrome, sondern segnet vor allem die bereits erfolgten nachträglich ab; es ist ja nicht so, daß „die politische Diskussion im Lande" (Rita Süßmuth) noch von irgendeinem offiziellen Vertreter der Politik bestimmt würde — vielmehr geben Nazis und die eben keineswegs schweigende, sondern lustig applaudierende Mehrheit den Ton an.

Rechtsradikal ist vorne, ist Avantgarde, und wie sehr die Bande bereits im Sattel sitzt, kann man aus dem arschkriecherischen Verständnis ablesen, mit dem man ihr überall begegnet; nicht ein erwähnenswerter Politiker versäumt es, simplen Rassenhaß als „berechtigte Sorge der Bevölkerung“ zu adeln.

Das deutsche Volk wird, unter natürlich kritischer Beteiligung seiner Sozialdemokratie, zügig zu sich selbst finden; da es völkische „Identität“, allem Geschwätz zum Trotz, nicht gibt, kann der hohle Begriff nur durch Aggression gegen andere — Volksfremde oder -feinde — gefüllt werden. Wie bei allen sog. „inneren Werten“ verhält es sich auch mit der „Identität“ so, daß sie als Ersatz für geraubte reale, materielle Werte, als Glasperlenspiel quasi, angeboten wird. Die Enttäuschung über den Betrug aber trifft, die Überfallchronik des Archivs für Sozialpolitik belegt das, nie die Betrüger, sondern täglich und im ganzen Land (also nicht nur in Hoyerswerda, Eberswalde und Rostock), Asylbewerber und Ausländer, Leute, die als „Flut“ oder „Schwemme“ dämonisiert werden und denen man keine „Identität“, sondern im Gegenteil eine „Mentalität“ bescheinigt, derzufolge ihnen eben einfach alles zuzutrauen sei.

Alles zuzutrauen aber ist im Gegenteil den mit „Deutschland!“ vollgesogenen Kretins und ihren Zuschauern, die das mit Kalkül betriebene Gewühl ums Asyl dazu nutzen, einen — lustig! lustig! — Asylantenstadel nach dem anderen abzufackeln. Und da nicht jeder Asylbewerber das relative Glück hat, daß gemeinsam mit ihm ein deutsches Fernsehteam mit dem Tod bedroht wird, kann man jedem in dieses Land kommenden Flüchtling nur dringend raten, sich angemessen zu bewaffnen.

Eiapopeia mit Negern

Heißa: Wir begehen die *Woche des ausländischen Mitbürgers*. Heißa und Hosianna: Wir bilden Menschenketten aus Ketten-, nein Quatsch!, aus Nervensägen. Wir haben nichts zu verlieren als unsere Menschenketten. Wir zünden Kerzen an, Lichtlein der Wärme und Liebe in einer kalten, kalten Welt. Wir nehmen uns bei den Händen und tanzen Ringelreihen: Seht her — wir fassen Ausländer an. Sogar ganz dunkle, sogar kohlenschwatte. Jaha. Sind wir nicht gut? Doch: Wir sind gut, Gutsein ist gut, alles wird gut, tut tut tut. Wir hauen — Bongo! Bongo! — auf das Fell von toten Tieren, arhythmisch, aber begeistert, in kuhäugiger Verzückung. Schramm schramm macht die Gitarre. Wir hampeln im Kreis und singen Lieder. Jesus macht auch mit bei uns. Das ist auch gut.

Jetzt singen die *ausländischen Mitbürger*. Es sind Neger. Sie singen „Nggolloah hee, nggolli huu", immer wieder, „Nggolloah hee, nggolli huu", sie sehen schön aus dabei, fröhlich. Sie ermuntern uns, mitzutun, und so singen schon bald auch wir: „Nggolloah hee, nggolli huu" und schunkeln dabei. Was heißt „Nggolloah hee, nggolli huu"? Weiße Mann viel Scheiß in Kopp? Ja, genau das heißt es. Aber das wissen wir nicht. Wir singen nur ein schönes Lied für eine bessere Welt, in der ein Kind noch ein Rind sein darf, in der es Batterien nur für Taschenlampen, aber nicht für Hühner gibt, in der wir bedenkenlos die Milch glücklicher Schweine trinken können. Prost! Ein Toast auf uns und das Haus der Welt, an dem wir bauen: Aus Holz von gewaltlos gefällten Bäumen wird es sein und selbstverständlich nestwärmeisoliert.

Und wenn es fertig ist, dann machen wir, die Schäfchen, ein kleines Schläfchen: mäh mäh, bzw. „Nggolloah hee, nggolli huu.“

Eine Leiche zieht Fliegen

Der Tod muß jetzt leider doch verboten werden. Das ist schade, denn eigentlich ist er eine gute Sache: Kostet nichts, setzt dem Leben ein Ende und damit ein Ziel, und mit ein bißchen Glück kann man dabei rauchen. Bedeutungs- und Sinnhuber behaupten, er sei absurd, der große Bruder des Schlafes, ein tragischer Vorgang u.ä. Angebereien. Dabei ist es mit dem Tod, diesem angenehm banalen Gevatter, doch eher so wie mit Anschlägen autonomer Gruppen: Eine an und für sich begrüßenswerte Angelegenheit wird durch zwanghaft folgendes Darüberreden und -schreiben gänzlich schal und öde gemacht.

Willy Brandt trat ab, und deshalb hat er jetzt viele Freunde, jede Menge Kumpels, die sich mit ihm brüsten. Jeder von ihnen kannte ihn natürlich ganz genau, ganz ganz persönlich und vor allem besser als all die anderen Freunde und Bescheidwisser. Figuren, die ihn haßten, weil er bei den Nazis nicht mitgemacht hatte, wie sich das für einen guten Deutschen wie z.B. Kiesinger, Carstens, Schmidt, Weizsäcker usw. gehört, sondern gegen sie gekämpft hatte, ernennen sich zu Weggenossen, und Brandt kann ihnen ebensowenig widersprechen wie den Antisemiten, die Auschwitz den Juden niemals verzeihen werden, für die Brandts

Kniefall vor einem jüdischen Mahnmal in Warschau eine nationale Katastrophe war und die sich jetzt mit seiner Leiche dicke tun. Peter Boenisch z.B. schreibt in der *BZ* vom 11. Oktober 1992: „Ganz gleich, wo wir politisch stehen: Unsere Zukunft hängt davon ab, ob die Brandts oder die Hitlers in uns weiterleben." Interessant — mehrere Brandts, ja Brände, diverse Hitlers auch noch, und die leben alle „in uns"? Ist das wahr? Und was ist mit dem Boenisch in uns allen, frage ich mich, und, weil er gerade anruft, auch den Kollegen Henschel. „Zum Boenisch in mir bin ich höhnisch", gibt der keck zurück und nutzt meine Verblüfftheit, um mir hektisch ins Ohr zu ramentern, was er gerade wieder Schönes von Luise Rinser bzw. Franz Alt gelesen hat: „Abtreibung und Aufrüstung sind zwei Seiten einer Medaille. Die Medaille heißt Gewalt", aber das ist eine andere Geschichte. In derselben Ausgabe der *BZ*, in der der deutschnationale Schmierlapp Boenisch mit Brandt prahlt, findet sich diese Anzeige: „Trauer um Willy Brandt — In Würdigung des Lebenswerks Willy Brandts wird eine einmalige Gedenkausgabe geprägt — dem Anlaß entsprechend mit einer geschwärzten Oberfläche. Der Entwurf für die Trauerprägung stammt von dem renommierten Künstler Carl Vezetti-Klemm, Gestalter für viele Offizielle Gedenkmünzen. Geschwärzte Trauerprägung nur DM 28,50 (spätere Ausgaben DM 48,50). Gedenkausgabe aus reinem Silber DM 84,50." Und der Numismatiker in uns? Muß der gleich bestellen? Oder den Trauer- bzw. Krüger-Rand halten? Das wäre schön.

Klebrig ist das Geschwalle, das sich über den toten Brandt ergoß, und wenn man sich auch dann und wann, wenn man gerade nichts Klügeres zu tun hat, wünscht, der

Blitz o.ä. möcht' doch bitte recht zügig die Kameraden Kohl, Kinkel, Rühe, Thierse etc. treffen, so gibt es doch einen und nur einen, aber eben zwingenden Grund, der dagegen spricht: die schrecklichen, pietätvollen Nachrufe, die dann ins Haus stehen. Kein Wort z.B. las ich über die von Brandt exekutierten Berufsverbote gegen kommunistische Briefträger und Lokomotivführer, wenig nur war zu hören und zu sehen über den schon stark pathologischen Frontstadt- und Berufsberliner Brandt. Statt dessen quallte jedermann herum, was Brandt ihm „persönlich bedeutet" habe usw. — nun, mit einer Erinnerung in dieser Qualität kann sogar ich aufwarten: 1972, als Elfjähriger, trug ich ahnungslos und entsprechend stolz eine orange-weiße „Willy wählen!"-Plakette am damals obligatorischen Parka. Ein Mitschüler dagegen hatte sich mit dem gelb-blauen „Mein Willy heißt Walter"-Button geschmückt, und heftig gerieten wir aneinander, ja, es entspann sich eine kleine Rangelei. Ich gewann, und so, könnte ich jetzt daherquaken, prägte Willy Brandt ganz entscheidend meine politische Biographie und alles.

Eins aber wird tatsächlich bleiben von Willy Brandt: Am 10. Oktober 1992, 24 Stunden noch nach seinem Ableben, verhinderte er die Ausstrahlung des Spielfilms „Bettgeflüster" mit Doris Day und Rock Hudson (ARD, 20.15 Uhr). Ich meine, das ist doch schon etwas. Und so gesehen ist Willy Brandt nicht ganz umsonst gestorben.

Die Hl. Petra

Der Tod ist ein Meister des Timings, manchmal jedenfalls: Just war Willy Brandt in die Grube gefahren und dabei einmal quer durch den Garten vereinnahmt, rhetorisch endgelagert und politisch entsorgt worden, da erwies sich, daß, *knock-knock-knockin' on heaven's door*, die nächste liebe Leiche schon ein paar Wochen lang paratgelegen hatte. Die Trauerredner waren, im Gegensatz zu ihren Objekten, noch richtig warm, gut im Schwung, voll im Törn quasi, auch der ölige Tonfall und der Hohe Ton waren noch präsent. So konnte die ganze Blase, statt sich den von ihr ohnehin nicht beherrschten politischen Angelegenheiten widmen zu müssen, nahtlos einen weiteren „historischen Augenblick", eine weitere „geschichtliche Zäsur" inszenieren und abfeiern, von denen die jüngste deutsche Geschichte gemäß offizieller Lesart nur so wimmelt, egal, ob es sich bei diesen Ereignissen um das Daherkrächzen der Nationalhymne durch unmusikalische ältere Männer, die Eröffnung einer fettigen Imbißbude in Ostdeutschland oder eben das Ableben ad acta gelegter Politiker handelt.

Petra Kellys posthume Verklärung, Mythisierung, Mystifizierung, Märtyrisierung, Ikonisierung, Seligsprechung und Lobpreisung wird mit einer Geschwindigkeit, Selbstverständlichkeit und Widerspruchslosigkeit vollzogen, die entweder auf eine Generalamnesie ihrer Betreiber rückschließen läßt oder aber stutzig machen muß. Wie ein Heiliger Heißluftballon schwebt Petra Kelly über den Wassern, als hätte man sie nicht noch so, wie sie öffentlich in Erscheinung trat, vor Augen bzw. vor allem im Ohr: eine jabbelnde und schrebbelnde Nervensäge, die ihre Klosterschülerinnenansichten von der Welt chronisch mit Politik verwechselte. Ihrer mit unerschrockener Stetigkeit wiedergekäuten geistfreien Bergziegenpredigt, daß eines Tages Mensch und Wolf und Schlammamöbe friedlich beieinanderliegen und den Gesängen der Buckelwale oder wenigstens denen von Joan Baez lauschen würden, begegnete man am besten mit achselzuckender Gleichgültigkeit, allenfalls mit leichtem Mitleid; daß man Petra Kelly nicht so vollständig ignorieren konnte, wie das angemessen gewesen wäre, lag nicht an mangelndem guten Willen dazu, sondern allein an der Penetranz, mit der sie sich und ihre Themen — zuletzt: Kinderkrebs und ein tibetischer Pastor — in den Mittelpunkt öffentlichen Interesses zu rücken versuchte.

Die Grünen, deren Mitbegründerin sie war, hatten Petra Kelly längst aufs wohlverdiente Abstellgleis geschoben; das Durchatmen und die Erleichterung ihrer, hehe, Parteifreunde darüber, sie nicht mehr ständig am Kopf haben zu müssen, zog sich denn auch durch sämtliche Nachrufe; dabei regte sich natürlich das bei Vertretern dieser Partei eingebaute schlechte Christengewissen, das mit zentimeterdicker Schmiere übertüncht werden mußte. Lukas Beckmann z.B. erinnerte sich seines Poesiealbums und schrieb nach dem Motto Prosa horizontal, Lyrik vertikal: „Liebe Petra / Lieber Gert / Warum jetzt / Warum so früh / Warum ohne Abschied / Warum ohne ein Wort / Ihr bleibt ja und seid doch fort / seid fort und bleibt doch". Lyrik ist schwyrik, leicht wird sie schmyrik. Der „Spiegel", der den Kitsch druckte (Nr. 44/92), bat auch die dazu allerdings hervorragend geeignete Antje Vollmer zur Leichenrede; die, der Toten in Bezug auf Kopfinhalt und Diktion furchtbar ähnlich, meldete auch flink ihren Anspruch auf die Nachfolge als oberste Hoffnungs-, ja Hosenträgerin der Partei an, nannte die Tatsache, daß Petra Kelly nicht mehr dreimal täglich im TV zu sehen war, feist „eine Form der Folter" und hatte auch sonst die ihr eigene Melange aus Ahnungslosigkeit und Pathos voll drauf: „Das Leben der Petra Kelly bot sich an, den Mythos der Grünen zu verdichten wie der Körper von Janis Joplin, um die Geschichte der Rockmusik darauf zu schreiben." Die Geschichte auf den Körper schreiben? Mit Filzstift? Ein schon begnadet durchgeknalltes, aber auch ziemlich janisjoplinverachtendes Anliegen.

Noch etwas wußte Frau Vollmer über Frau Kelly: „Die Möwe war ihr Lieblingstier." Und Bärbel Bohley, die unvermeidliche Dritte im Bunde, war passend zur Stelle, als es galt, sich wichtig zu machen: Niemals wäre Petra Kelly „ohne politische Botschaft" freiwillig aus dem Leben geschieden, und da hat Frau Bohley ausnahmsweise einmal recht: Zu den Menschen, die die Gelegenheit ungenutzt verstreichen lassen würden, anderen noch nach dem Tod schwer auf den Senkel zu gehen, gehörte Petra Kelly sicher nicht.

Was also bleibt, letztlich? Eine Schwester Möwenherz, die, so scheint's, von ihrem Möwenbändiger erschossen wurde, bevor der sich selbst den Garaus machte: Gert Bastian, ein ehemaliger Wehrmachts-Freiwilliger, dem der Laden immerhin so gut gefiel, daß er später Bundeswehrgeneral wurde und kurz vor der Pensionsgrenze verblüfft entdeckte, daß dieser Verein kein durch und durch pazifistisch gesonnener sei, machte seine letzte Friedensbewegung und zückte nach dem Motto „Frieden schaffen mit immer kleineren Waffen“ den Derringer: Piff und Paff und Schluß.

Die Affäre Kelly/Bastian, von einer wahlweise zum kollektiven Trauerkloß oder zur kollektiven Claque degenerierten Öffentlichkeit zur „Tragödie“ Shakespeareschen Zuschnitts stilisiert, taugt eher zur Operette oder zur Schmierseifenoper für den gehobenen Abgeschmack. Demnächst — jede Wette! — in einem Theater ganz in Ihrer Nähe.

Neulich im Trauerarbeitslager bzw. natürlich Trauerarbeits*camp*

für Karasek, den Strolch

Die alten, kalten Bauern
Sie können nicht mehr trauern
Sie blasen lieber die Trompete
Auf Mitscherlichs Margagarethe.

Die tägliche Ladung

Das Böse, so hören wir in den letzten Jahren immer öfter, sei das Böse, weil es eben das Böse sei. Diese schlichte Sicht auf die Welt, als Intellektualität geadelt, seitdem Staatsdichter Enzensberger die Gleichung bzw. das Faß „Saddam = Hitler" aufmachte, erlebt im „Serbien muß sterbien!"-Gekeife einen neuen Höhepunkt. Landauf, landab verdienen sich publizistische Kleingeister ihre Streifen für die Propaganda-Kompanie, blasen Schreibtisch-Generäle zur Attacke, ganz schwummrig im Kopf von der Vorstellung, daß deutsches Militär wieder in die Welt hinausmarschiert, dahin, wo das Böse ist, also ganz weit weg, immer der Nase und dem ausgestreckten Zeigefinger nach. Die unangenehme Erinnerung an deutsche Konzentrationslager wird getilgt, indem man von serbischen spricht; man entlastet sich selbst, und noch dazu gratis, indem man mit genüßlichem Abscheu anderer Leute Greueltaten beschreibt. Gern wird dieses Prinzip Humanismus genannt.

Wem aber klar ist, daß unerfreuliche menschliche Eigenschaften und Verhaltensweisen nicht rassischen Ursprungs sind, daß also die Rassen an sich alle gleich gut, nein: gleich schlecht sind, bloß eben ihre gesellschaftliche Organisation und ihre einzelnen Mitglieder nicht, kann, statt fruchtlos darüber zu schwadronieren, wem man es wo auf der Welt „mal so richtig zeigen" bzw. „besorgen" müßte, seine Qualitäten als Beobachter und Auto-Echauffeur prächtig entfalten. Ein Ausflug zu irgendeiner der vielen deutschen Fernstraßen z.B. wird ihn zu der Erkenntnis führen, daß Verkehrsminister Krause, der als Adolf II. der deutschen Verkehrspolitik Geschichte zu machen entschlossen ist, einen mindestens ebenso geeigneten Kandidaten abgibt für das Amt des Weltcheffieslings wie der für diese Rolle bestimmte Serbe Milosevic oder auch dessen Nachfolger in spe, Christoph Daum.

Aber man muß nicht einmal die Stadt verlassen, um fündig zu werden, denn das Böse ist seinem Wesen nach banal, alltäglich und so ziemlich überall. Mein Postbote z.B., da bin ich ganz sicher, ist mir von Beelzebub gesandt; eigentlich müßte er nach Schwefel riechen, und daß er es nicht tut, zeigt nur, wie raffiniert er sich tarnt. Mein Zusteller, so die offizielle Bezeichnung des Halunken, bringt mir meine Post für gewöhnlich gegen 14 Uhr, als ob er nicht wüßte, daß ein Vormittag ohne Post ein Vormittag ohne Liebe und Freude ist. Anfangs darbte ich stundenlang, wetzte immer wieder die drei Treppen zum Briefkasten hinab, vergeblich — bis ich die schreckliche, wenn auch simple Wahrheit entdeckte: Der saubere Herr Zusteller verbringt seine Vormittage in einer Kneipe, die auf seiner Route unglücklicherweise vor dem Haus gelegen ist, in dem ich wohne. Längst hätte ich dieses Scheusal mit einer nassen Bratpfanne erschlagen, aber was wäre gewonnen? Wäre er tot, brächte er mir gar keine Post mehr, statt dessen aber jede Menge Scherereien ein, mein Kummer wäre also nur umso ärger. (Dieser Gedankengang ist ein Beispiel für das, was ich die Faszination der Logik nennen möchte; genauso ist es mir immer ganz unsinnig vorgekommen, wenn alle Welt fordert, daß man die Kriminalitätsrate senken müsse — wovon bitte sollen dann die vielen Kriminellen leben?)

Ähnlich wie mit der Bundespost verhält es sich mit der Telekom, einem Unternehmen, das einst gegründet wurde, um Christian Schwarz-Schilling reich zu machen, alle anderen Insassen des Landes dagegen in Verarmung und Wahnsinn zu stürzen. Das geht so: Manchmal sehnt man sich danach, mit einem intelligenten Menschen zu parlieren. Gesetzt den Fall, daß dieser Wunsch mit einem Selbstgespräch ausnahmsweise nicht abzumachen ist, muß man eine geeignete Person aufsuchen und dazu vorher anrufen. Da die Telekom es nicht geschafft hat, innert drei Monaten nach dem Einzug in die neue Wohnung einen Telefonanschluß zu legen, sucht man eine Telefonzelle auf. Diese aber ist entweder immer defekt oder immer besetzt. Im zweiten Fall erhält man Gelegenheit, einer älteren Frau dabei zuzuhören, wie sie ihrer Schwester, Tochter, Kusine o.ä. erzählt, was sie mittags gegessen hat. Das ist lehrreich; man erfährt zum ca. 1000sten Mal die tiefe Wahrheit des Gemeinplatzes, daß die Menschen, die am meisten reden, am wenigsten zu sagen haben. Hat man tapfer durchgehalten, darf man nach ca. drei Viertelstunden das Telefonhäuschen betreten. Nur ist der Apparat jetzt plötzlich auch defekt — totgelabert? —, oder aber die Zelle stinkt; entweder nach einem Parfum namens „Poison“, das richtig „Poisson“ heißen müßte, oder aber scharf und streng nach Harn, was jedoch nicht der alten Schachtel geschuldet ist, nein, inkontinent ist sie nicht, sondern irgendeinem Taugenichts, der schon Stunden oder Tage vorher, das Zeug hält sich, hilflos oder böswillig trunken hineinstrullte. (Der Dichter Max Goldt, ein entschiedener Theoretiker guten Benehmens, hat im August 1991 dem mit ihm befreundeten Wiener Zeichner Tex Rubinowitz sogar die weitere Beherbergung aufgekündigt, nachdem dieser ohne Not in eine öffentliche Telefonzelle gepißt hatte; ich kann solcherlei Rigorosität verstehen, obwohl ich in diesem Fall der Leidtragende war und in den sehr frühen Morgenstunden von einem wenig zurechnungsfähigen Herrn Rubinowitz aus dem Bett geklingelt und lallend um Asyl angegangen wurde, das ich ihm selbstverständlich gewährte.)

Die Telekom jedenfalls hat mich vom Vertrauen in die Technik geheilt. Was nützt es mir schließlich, daß der Mensch zum Mond fliegen kann, solange er nicht über genügend Taktgefühl verfügt, dann auch dort zu bleiben? Was soll ich mit Telefonzellen, die entweder nicht funktionieren, besetzt sind oder aus denen, wenn sie ausnahmsweise telefoniertauglich sind, die Scheiben entfernt worden sind, was dann wiederum einem der vielen durch die Stadt streifenden Volltrunkenen ermöglicht, von hinten seinen warmen Harn an mir abzuschlagen. Mitten in Deutschland! Das sind doch die Fakten, und ein sog. technischer Fortschritt, der nicht in der Lage ist, solche Existenzen auf der Stelle in Telefonzellen zu verwandeln, findet vor meinen Augen keine Gnade. (Denn das wäre die Lösung: Wer selbst eine Telefonzelle ist, kann nicht mehr gegen eine oder in eine hineinpinkeln; auch dies ein schönes Beispiel für die o.g. Faszination der Logik, finde ich.)

Die Welt ist schlecht eingerichtet, das ist mal sicher. Auch in diesem Winter werden sich die Huren der Stadt auf der kalten Straße denselben bösen Mösenhusten holen wie im letzten Jahr, überhaupt wird sich viel Unschönes ereignen: schlechte Musik, bellende Hunde, Hunger und Durst; „Ah, ich hab so richtig Kaffeedurst“, wie meine ehemalige Obermieterin Heike zu sagen pflegte, ansehnlich frühvergreist mit 33 Jahren, wie überhaupt die schweren Jahre von 33 bis 45 ... usw. usf.

Nein: Ein Land, dessen Population nicht einmal die einfachsten Dinge des Lebens zu organisieren und erfreulich zu gestalten in der Lage ist, hat nicht den Hauch eines Rechts, die eigene Klumsigkeit auch noch durch militärische Kompensationsmanöver zu exportieren.

P.S.: Auch heute ist in China wieder ein Sack Reis umgefallen.

Im Faschsalon *Chez Phil* oder: Es ist doch ganz einfach

Wenn selbst stundenlanges Einweichen in Verständnis und schöne Reden nichts gefruchtet haben, tragen Sie Ihre hartnäckig verschmutzten Faschisten in den Faschsalon *Chez Phil* in der Filibusterstraße in Berlin-Schmargendorf. Hier verklappen Sie die Bande in eine der geräumigen Antifaschmaschinen, schalten keinesfalls den Schonwasch- bzw. Schonfaschgang ein, sondern kochen die Bagage ausgiebig bei 95° Celsius, schauen durch das Bullauge ein wenig nach dem rechten und gehen ein paar Besorgungen machen. Zurückgekehrt, spendieren Sie den mittlerweile ziemlich eingelaufenen Arschnasen zwei Schleudergänge extra und geben sie anschließend in den Trockner, wo sie vollends auf Barbiepuppenformat ein-, zusammen- bzw. sogar gesundschrumpfen.

Ja, so einfach geht das — und sollte selbst hartnäckigen Skeptikern des technischen Fortschritts wie mir zu denken geben. Oder was meinen Sie?

Demokratie ohne Reue

Die KPD/RZ — Eine Parteienverherrlichung

Die SPD knickt beim Asylrecht und beim § 218 nach rechts weg, die CDU übernimmt offen rechtsradikale Positionen, die Grünen sind auf dem kurzen Marsch in den Arsch der deutschen Nation, und die Restlinke beschäftigt sich nach dem Motto „Willkommen im eigenen Saft!" mit nichts als sich selbst. In dieser Situation, in der nur die Nazis aller Parteien händereibend wählen gehen und alle, die bei Trost und Verstand sind, derartigen Veranstaltungen fernbleiben, taucht ausgerechnet im zu Tode mystifizierten Berliner Bezirk Kreuzberg eine wählbare Partei auf. Die KPD/RZ (Kreuzberger Patriotische Demokraten/Realistisches Zentrum) hat alles, was eine gute Partei braucht: hohen Unterhaltungswert, ein beseeltes Programm, eine fröhlich-kämpferische Basis und vor allem charmante, sympathische Kandidaten. Und alle, die sich bislang genervt, angewidert oder hohnlachend vom Parteiengewürge abwandten, können ohne Reue Demokratie spielen und ihr Kreuzchen machen.

Was soll man von einer Partei halten, die in ihrem Programm die *Löschung sämtlicher Daten aller Krankenkassen und Bildung einer Kommission zur Rekonstruktion der verlorenen Datensätze* fordert? Viel, sehr viel sogar, und auch die Ansinnen, ein *Rauchverbot in Einbahnstraßen* und *Namensschilder für alle Bürger mit Ausnahme von Polizisten im Dienst* durchzusetzen, erscheinen mir vernünftig und klug.

Trinker fragen — Politiker antworten heißt eine der raren Wahlkampfveranstaltungen der KPD/RZ am 10. Mai 1992 im „Café Anfall" in der Gneisenaustraße. Die Stimmung ist eher lau und mau, aber das liegt allein an den dumpf über z.B. ihren eigenen „Restalkohol, hähä“ witzelnden Besuchern und nicht an den sehr gutgelaunt, freundlich und aufgeräumt auf dem Podium hockenden Herren von der Partei. „Was unterscheidet euch eigentlich von anderen Parteien?“ ruft jemand, und Stephan „Mao“ Meyer, eine Art Chefideologe der KPD/RZ, antwortet wahrheitsgemäß: „Wir sind jünger, wir sehen besser aus und wir hören viel bessere Musik.“ Dieser Anspruch wird nur wenige Minuten später live eingelöst: Der *Grindchor*, sieben junge Männer aus dem Umfeld der „Endart-Galerie“, kommen ins „Anfall“ gewetzt, entern die Bühne und spielen auf Nasenflöten — jawohl: auf Nasenflöten! — u.a. *We will, we will rock you!* und *Chirpy chirpy cheep cheep* („von *Middle of the Road*, weil die KPD/RZ eine Partei der radikalen Mitte ist!“); es folgt das *Lied der Schlümpfe*, das einen Besucher zu dem bewegten Ausruf „Gib mir die ganze Botschaft!“ hinreißt. Etwas später wird — ebenfalls auf Nasenflöten, oh, ich liebe dieses Wort: Nasenflöten! — ein repräsentativer Querschnitt durch die deutsche Kultur nachgelegt: ein Potpourri aus *Internationale, Horst Wessel-Lied* und dem *Ententanz*, doch, das ist exakt die Mixtur aus Größenwahn, Kleingeistigkeit, Gemütlichkeit und Abwesenheit von Stil und Geschmack, die dieses Land ausmacht.

Doch anstatt daß man ihr nun Anerkennung zollt für diese punktgenaue deutsche Zustands- und Befindlichkeitsbeschreibung, wird die Partei gerade dafür hart attackiert, natürlich von sich schwer links empfindenden Menschen. Roh und öde tobt sich an der KPD/RZ linkes Spießertum aus. Das sog. „Kreuzberger Bündnis — Opposition von unten (KOB)“, eine dieser Parteien, die nur gegründet werden, damit sich die Mitglieder gegenseitig ausschließen können, vermeldet in einem Flugblatt, die KPD/RZ sei ein Trojanisches Pferd, mit dem die Faschisten in Kreuzberg einziehen könnten usw., das übliche paranoid auf links gestrickte Gephrasel, das immer in die Mehrzweckwaffenvokabel *faschistoid!* mündet. Was das Geschwätz von K-Grüpplern, also von Leuten, die im Namen irgendeiner Parteidisziplin mit Vorliebe ihre besten Freunde verraten, wert ist, zeigt ein zweites Flugblatt etwa folgendes Inhalts: Ääh sorry, ääh, die KPD/RZler sind doch keine Faschos, aber irgendwie nicht ganz koscher und vor allem nicht ernsthaft genug. (Ich stelle hiermit den Antrag, das Gratiswort *faschistoid* zugunsten des viel schöneren Begriffs *polaroid* aus der Umgangssprache zu entfernen.)

Der Parteivorsitzende Hans Joachim Grimm, ein rüstiger Dreißiger, der unter dem Namen HansDurst als Comiczeichner bereits angenehm in Erscheinung getreten ist, zeigt sich im Interview solchen Vorwürfen gegenüber entspannt und gelassen: „Privat müßte man denen natürlich mal was an die Ohren geben, aber das ist selbstverständlich nicht die offizielle Linie der Partei, die ja eine Partei der radikalen Mitte ist." Er ruft seinen Stellvertreter heran. „Hey Mao, wie reagieren wir nochmal auf diesen bescheuerten Fascho-Vorwurf?" Und Genosse Meyer eilt ein wenig näher und sagt sehr freundlich und sehr fest: „Wir treten dem demokratisch entgegen." Auch die Behauptung, seine Partei sei nicht wirklich an Politik interessiert, weist Vorsitzender Grimm mit Charisma zurück: „Wir sind bereit, in einem Europa der Regionen Verantwortung zu übernehmen." Er selbst, parliert er geschmeidig weiter, sehe sich eher als „eine Art Weizsäcker der Partei" und habe deshalb auch „auf einen sicheren Listenplatz verzichtet"; sein Ziel sei „eine lokalistische Politik mit Augenmaß". Oh ja, Augenmaß rules OK!, schön spricht er, der Vorsitzende, und ich würde dieser Partei auf der Stelle beitreten, wenn ich das nicht schon vor Jahren getan hätte.

Später werden noch einmal die sog. „Essentials" (G. Tornow u.ä.) der KPD/RZ festgeklopft:

— *Erhöhung der Hundesteuer um 700 Prozent bei gleichzeitigem Verbot, eigene Hunde zu veräußern, zu verleihen, zu verschenken, auszusetzen oder sich ihrer sonstwie zu entledigen oder sie zu Tode zu bringen. Strenge Bestrafung bei Zuwiderhandlung. Schaffung einer Hundekontrollbehörde mit Polizeibefugnissen und Uniformen;*

— *Legalisierung des Tragens von Uniformen in der Öffentlichkeit;*

— *Beschränkung der Mietzahlungen auf höchstens 87 Prozent des Haushaltseinkommens der Betroffenen;*

— *Stiftung eines Pol-Pot-Preises („Goldener Pott") für Verdienste um Liberalismus und Toleranz;*

— *Verbot des Tragens runder Brillen für SPD-Mitglieder.*

Wenn es denn stimmt, daß es „ein Lachen sein wird", das „sie beerdigt" — niemand weiß, wer „sie" sind, nur „sie" wissen, wer „sie" sind —: Das entspannte Gelächter und das Drehen einer langen Nase für alle Langeweiler und Wichtigtuer dieser Welt ist der KPD/RZ „Anliegen und Verpflichtung", wie es Vorsitzender Grimm so unnachahmlich zu formulieren weiß.

Vokabeltest

„Ihr habt auf heute Wörter gelernt!" — mit dieser ebenso drohenden wie unzutreffenden Behauptung betrat fünfmal die Woche Lateinlehrkraft Frl. Gebauer, eine kleine, zähe und energische Person mit viel Haar auf den Zähnen und einigem davon auf der Oberlippe, den Klassenraum. „Wörter gelernt", d.h. Vokabeln gepaukt hatte man eben nicht, und so fürchtete man sich nicht wenig, denn ein Entkommen gab es selten oder nie: „Zehn Minuten Vokabeltest!" Und wenn auch die Segnungen bzw. Verwüstungen des Latinums lange verweht sind — die Vokabeltests, die vergeblichen Versuche, Kauderwelsch und wichtigtuerisches Gebrabbel in Sprache zu transponieren, haben seitdem nicht aufgehört.

Nein, ich spreche hier nicht von *Fachchinesisch* oder vom oft gegeißelten *Behördendeutsch*. Aber haben Sie jemals versucht, eine Kommandoerklärung der RAF ins Deutsche zu übersetzen? Was sind Ihre geheimen Gedanken, wenn Sie Sportkommentatoren des Satans wie Heribert Fassbender oder Dieter Kürten Worte wie *Nickligkeiten* oder *Standardsituationen* raunzen hören? An was denken Sie bei *Spielerfrauen*?

Sind Sie vielleicht selbst ein *Gurtmuffel*? Kaufen Sie im *Schnäppchenmarkt*? Oder bevorzugen Sie *Restposten*? Haben Sie eine *Lebensgefährtin* bzw. einen *Lebensgefährten*? Buchen Sie Ihren *Resturlaub* zum *Schnupperpreis*? Fühlen Sie sich wohl in der *Okay-Gesellschaft*? Und wie denken Sie über eine *Ampelkoalition*?

Gleichermaßen wunder- wie qualvolle Gelegenheiten, den eigenen Wortschatz zu mehren, sind Wahlabende. Aus veritablen Sprech- und Sprengköpfen eimert es dann mit beneidenswert fröhlicher Dummheit heraus, man gibt sich dabei auch noch dezidiert, und das macht die Sache erst richtig schön. Am 24. Mai 1992, am Abend der Berliner Kommunalwahlen, saß ich, Ohren und Bleistift gespitzt, vorm TV-Apparat und ließ meinen zoologischen Blick über Erscheinungen schweifen, deren Namen und Gesichtszüge man sich zum Glück nur selten merken kann. Auf und zu klappten die Münder, Berlin habe *Brennglasfunktion*, fiel aus einem heraus, der Rest der Bande nickte beflissen. Schade eigentlich, dachte ich, daß man Berlin nicht einfach wie eine Lupe nehmen, mit ihr den Rest des Landes in Brand stecken und sie hinterher, *umweltgerecht* natürlich, im nächsten Altglascontainer *entsorgen* kann!

Allerhand Sonderbares gab es zu erfahren, ein sich vor die Kameras drängender Mensch von der CDU knarrte verdrießlich über den Erfolg der „Kommunisten im Ostteil der Stadt“, ach, dachte ich, da gibt's noch welche, bis mir dann klar wurde, daß er bloß die PDS meinte, die Partei des Demokratischen Selbstmitleids. Ihr Abgesandter André Brie, eine Art Jesus Christus mit offenem Hemdkragen, wurde nicht müde, die ungerechte Behandlung seiner Partei durch die Konkurrenz und durch die Medien zu bejammern. Was hatte er denn gedacht? Nein, wer ans Grundgesetz glaubt wie an Bibel, Weihnachtsmann und Klapperstorch, der kriegt, was er dafür verdient: einen kräftigen Tritt und höhnisches Gelächter. Denn es gibt, zumal ästhetisch, etwas Schrecklicheres als die Henker, und das sind die Märtyrer.

Rechtschaffen müde und schläfrig gelabert lag ich vor dem Fernsehkasten, da weckte mich noch einmal ein schönes Wort: Den Parteien mangele es an *Bindungsfähigkeit*, hieß es gleich mehrfach; eine kleine Gesundbeterei dafür, daß gerade noch gut jeder Zweite es für sinnvoll oder notwendig hält, sich an die Urne zu schleppen. Etwa die Hälfte der Insassen des Landes verzichtet auf die Wahl der Qual; Politik kostet sie ein müdes Arschrunzeln. Angesichts dieser *Politikverdrossenheit*, so lehrte mich das TV-Gerät, müsse *die Politik wieder attraktiver werden*. Genau: In der Sänfte will ich ins Wahllokal getragen werden, von den Kandidaten persönlich natürlich, die ich dabei nach Gutdünken herumkommandieren und beschimpfen darf! Jugendliche Erstwähler werden per Skateboard in die Wahlkabinen verbracht, für Feministinnen gibt es Urnen nur für Frauen, und alle Wählerinnen und Wähler erhalten herrliche Geschenke: Dampfbügeleisen, Werkzeugkästen, ein Pfund Butter, die Teilnahme an einer Verkaufsveranstaltung in den Hinterzimmern der Wahllokale ist möglich. Große Tombola!

Weit entfernt rauschen die Lotterieergebnisse an mir vorbei. Ich liege in einer schattigen Ecke meiner Wohnung und warte, daß der Sommer vergeht — damit ich endlich wieder meinen *Übergangsmantel* tragen kann.

Komm, Erster Mai!

Jährliche Rede zum Tag der Arbeit

„Heraus zum 1. Mai!“ heißt eine alte Parole, die der Anarchist Fritz Teufel vor einigen Jahren aus der Gefängniszelle heraus so kommentierte: „Mir ist auch jeder andere Termin recht.“ Dem kann ich nur zustimmen: Das Jahr hat 365 Tage, da muß nicht alles an diesem einen wegerledigt werden. Man kann es ruhig angehen lassen am Ersten Mai; es ist ein schöner Tag zum Schlachtenbummeln. Leicht aufgepeitscht von sog. „Frühlingsgefühlen“ — die Vögel, die Bienen und alles, jaja — stromert und strolcht man durch die Straßen und setzt sich den Vibrationen seiner Mitmenschen aus, wird mit den Augen vernascht und vernascht zurück, in der Luft knistert eine allgemeine, sehr freundliche Geilheit, man pimpert mit Blicken und in Gedanken, aber auch in Worten und Werken, nimmt seine Süße, einmal her und einmal hin, und spielt ein schönes Spiel. Es heißt „Zusammenlegung jetzt!“ Oh ja, so soll das sein, und kann man den Kampftag der Arbeiterklasse angemessener ehren als so?

Natürlich kann man sich auch ernsthafter amüsieren gehen und z.B. bei einer Demonstration des DGB mitmarschieren. Denn so unsympathisch einem Gewerkschaftsfunktionäre, die Phänotypen von Korruptheit und geistiger Fettarschigkeit, auch sein mögen: Gewerkschaften sind, salopp gesagt, ganz ganz prima und können gar nicht stark genug sein. Denn ginge es nach denen, die idiotischer- und perfiderweise „Arbeitgeber“ genannt werden — obwohl sie ja Arbeitnehmer sind, denn sie nehmen die Arbeit von denen, die ihre Arbeit und Arbeitskraft geben, die also die wahren Arbeitgeber sind, und sie bezahlen sie immer zu schlecht —, ginge es also nach der Nase der „Arbeitgeber“ sich nennenden Arbeit-Nehmer, die Lohnabhängigen würden in Positionen von vor ca. 100 Jahren zurückgeboxt und hätten noch dankbar dafür zu sein. Denn das ist ja der Zweck, wenn man die, die ihre Arbeit geben, „Arbeitnehmer“ nennt: ihnen das Bewußtsein, den Stolz, kurz: das Rückgrat zu brechen und sie auch noch zu verhöhnen. „Säg nicht am Ast, auf dem wir alle sitzen!“ hebt die auf anderer Leute Knochen reich gewordene Bande noch den Moralfinger — als ob „wir alle“ eine Fabrik besäßen (oder auch bloß eine besitzen wollten). Nein, den „sozialen Unfrieden“ muß man nicht herbeireden, er ist da, er herrscht.

Freunde eines verschärfteren Unterhaltungsprogramms werden am Ersten Mai in Kreuzberg gut versorgt: Dort findet die jährliche „letzte Schlacht“ statt: Junge Helden in schwarz treffen auf Vertreter des „Schweinesystems“ bzw., so will es der 1992er Jargon, „der imperalistischen Ausbeuter-Power“ in waldgrün. Nicht, daß mir das Herz bräche, wenn Scheiben von Bankfilialen klirren, Schnapsläden niedergetrunken und Polizeiautos angezündet werden, aber muß man „die Weltrevolution“ (darunter tun sie’s nicht) bei der Polizei anmelden und sie jedes Jahr am selben Tag und im selben Bezirk begehen? Anstatt sie immer wieder räumlich und zeitlich ein bißchen zu verlegen, damit das Spiel für die Aktiven auf beiden Seiten und für die Zuschauer spannend bleibt? (Ein kleiner Leckerbissen am Rande sind in jedem Jahr die Versuche des Kreuzberger alternativen Mittelstands, sozialarbeiterische Arschkriecherei als „Vernunft“ auszugeben und sich schlichtend zwischen die Kontrahenten zu stellen. Bisher haben sie noch immer bekommen, was sie verdienen: tüchtig Haue von beiden Seiten.)

Möglichkeiten, den Ersten Mai fröhlich und stimmungsvoll zu begehen, gibt es also reichlich. Mancher nimmt sich vielleicht auch nur still ein Winkelement und wedelt ein letztes Mal. Und drückt vor Rührung eine Träne ab, wg. „früher“.

Ich wünsche allen Beteiligten an den Feierlichkeiten zum Ersten Mai den Spaß, den sie sich wünschen. Auf daß es ein eindrucksvoller Tag werde, eben einer von 365 im Jahr.

Keine Feier ohne Eier

Am Sonntag, dem 8. November 1992, als das Volk der Deutschen aufgerufen war, vor ausländischen TV-Kameras ein frisches Hemd anzuziehen und nett und dufte zu sein, spazierte ich gegen 14 Uhr, flankiert vom Kollegen Franz Dobler und der von mir heftig verehrten Gisela Güzel durch den Görlitzer Park, Richtung Frühstücksbuffet im Café *Morgenland* am Görlitzer Bahnhof, weil man dort nicht mit brüllend lautem *Tekkno*, der Musik für die authentisch-autistische, vollverspiegelte Ein-Mann-Tanzfläche, zugebrettert wird, sondern z.B. Van Morrisons seelenvolle Stimme ertönt, während man, langsam langsam, in den Tag hineingleitet. Es ist kalt, klar und sonnig, wohlig schaudernd steuert man sein Ziel an; im Park wird reichlich Fußball gespielt, nein, gekickt und gebolzt eher. Vor allem junge türkische Männer sind es, die hektisch dem runden Leder nachjagen; viele von ihnen haben, zumindest äußerlich, den Vollzug der Integration gründlich hinter sich gebracht und präsentieren sich im landesdurchschnittsüblichen Outfit: beschnäuzert, mit Goldkettchen geradezu umwickelt und der auch vom gemeinen Deutschen sehr geschätzten Vorne-Pony-hinten-lang-Rudi-Völler-Frisur. Ein Blick auf die rund um den Park abgestellten Automobile beweist, daß Kamerad Türk die Werte der abendländischen Kultur angenommen und quasi voll draufhat, hochhält und verteidigt: Breitreifen, Spoiler, Brumm Brumm Tüüt Tüüt Quietsch.

Am Revers meiner Jacke prangt, seit Tagen bereits, ein Button bzw. Meinungsknopf, auf dem Artikel 1 des Grundgesetzes und eine X-förmige Figur in gelbrotgrünblau zu sehen sind. Der Figur fehlt es, um ein Minimum an Realitätsnähe zu erreichen, an einer Bierbüchse in der linken und einem Baseballschläger in der rechten Hand, und bei Art. 1 des GG — „Die Würde des Menschen ist unantastbar“ — handelt es sich eben nicht um eine Feststellung, sondern um eine Mischung aus frommem Wunsch und Kategorischem Imperativ, der allerdings stark gegen Konjunktiv tendiert: Nur die Würde bzw. das Repräsentationsgehabe einiger weniger Menschen ist sakrosankt und darf deshalb nicht mit Eigelb verunziert werden.

Endlich im *Morgenland* eingetroffen, malen wir finstere Nazivisagen auf die Frühstückseier, um diesen anschließend den Prozeß zu machen: Soso — aussehen wie im Suff gezeugt, die Jogginghosen eingeschifft, die Landessprache nicht einmal rudimentär beherrschen und sich, statt dankbar zu sein, daß man am Leben und in Ruhe gelassen wird, auch noch als deutscher Herrenmensch aufspielen und anderen das Leben zur Hölle machen mit der Jauche im eigenen Kopf? Damit ist jetzt Schluß! Und —*tschack!*— wird das Fascho-Ei mit dem Messer geköpft, rasch werden noch Salz, Pfeffer und Tabasco in die offene Wunde gestreut und geträufelt, zügig wird das Ei verspeist, und so tragen auch wir an diesem Tag der symbolischen Handlungen unser Scherflein dazu bei, das Ansehen Deutschlands in der Welt zu mehren.

Zur Teilnahme an der Demonstration der guten Vorsätze hat es aber doch nicht gereicht. Es mangelte an den richtigen Losungen und Parolen. Für das Recht eines jeden Asylbewerbers, sich auch mit Lügen und Täuschen Zugang ins Land zu verschaffen, ginge ich sofort auf die Straße, und von ganzem Herzen stritte ich für das Grundrecht jedes Juden, ein genauso schlechter Mensch sein zu dürfen wie noch der allermieseste Deutsche, ohne daß ihm das als *typisch jüdisch* ausgelegt und vorgehalten würde. Und für die Streichung der irrigen Annahme, daß jeder Nichtdeutsche zu beweisen habe, daß er ein moralisch tiptoper, weißwestiger und für das Leben in Deutschland somit quasi haushoch überqualifizierter Kerl sei, würde ich sogar an einer Mahnwache teilneh... — nein, an einer Mahnwache nun doch nicht. Aber an so ziemlich allem anderen.

Die Bereitschaft von ca. 300.000 Menschen, sich zu nützlichen Idioten einer Regierung zu machen, die *Regime* zu nennen treffender wäre, wurde vielerorts als „Lichtblick" begrüßt. Das ist Kokolores, denn Sinn und Zweck der Staatsdemo war dieser: Wir haben gezeigt, daß wir anständige Deutsche sind, und wer das nach dieser eindrucksvollen Demonstration noch zu bezweifeln wagt, ist ein Defätist und hat mit Maßnahmen zu rechnen.

Wirklich eindrucksvoll wäre eine Demonstration gewesen, bei der die Initiatoren unter sich geblieben wären, zur Peinlich- und Kenntlichkeit entstellt. Da sie aber 300.000 z.T. Wohlmeinende fanden, die de facto für die Abschaffung des Asylrechts demonstrierten, wirkten die paar harmlosen Eier und Gemüsestücke, die auf Kanzler und Präsidenten flogen, geradezu erleichternd: Rohes Ei und Sahnetorte sagen mehr als tausend Worte.

Anderntags bekomme ich eine Postkarte vom Kollegen zur Nedden aus Hannover: „Lieber Wiglaf, am Sonntag mußte ich fußballspielen. Es ging um eine gute Sache: GEGEN RASSISMUS. Und wer haut mir auf die Nase und säbelt mir von hinten die Beine weg? Neger aus Angola bzw. Zaire. TROTZDEM: Hände weg vom Artikel 16! Dein Dietrich".

Diesem Beispiel von Noblesse möchte ich mich vollinhaltlich anschließen.

Der Letzte macht die Lichterkette aus

Abschließende Einlassung zu einer lästigen Angelegenheit

Oh wie trügerisch sind Menschenherzen:
Ist kein Verstand da, nehmen sie Kerzen.
(Kurt Ossietzky 1932)

„Wahr ist", schreibt Giovanni di Lorenzo im *Spiegel* vom 8.2.1993, „daß die Lichterkette gerade Ausländern und Juden, nicht nur in unserer Initiative, wieder Mut gemacht hat, in Deutschland zu leben." Abgesehen mal von der Frage, ob den zitierten „Ausländern und Juden" damit ein besonders kluger Dienst erwiesen wurde, ist der Satz pure Selbstgefälligkeit — di Lorenzo gehört schließlich zu den Leuten, die die Lichterkette von München ausgeheckt haben. (Und demnächst rezensiert im selben Blatt André Heller sein jüngstes Bühnengehampel — wäre doch auch schön.)

Aber nicht nur Jungschmock und Talkshowschöngeist di Lorenzo erhielt Gelegenheit, sich selbst öffentlich Spitzennoten für gutes Betragen auszustellen. Im *Neuen Deutschland* vom 30.1.1993 pries der Berliner Kabarettist Martin Buchholz die von ihm u.ä. Kunstgewerblern (Volker Ludwig, Reinhard Mey usw.) angezettelte sog. „Lichterspur" auf Seite Eins an. Buchholz, dessen kopfmäßige Beschaffenheit schon aus dem Titel seines jüngsten Programms — „Dumpfland Dumpfland (...) Ein viel zu aktuelles Pro- und Antigramm" — gut ersichtlich ist, rhabarberte von „Erhellung der germanischen Hirnfinsternis" und stilisierte seine weizsäckerkompatible Moral-statt-Verstand-Veranstaltung zum verschärften „Protest".

Und warum auch nicht? In Zeiten, wo alles mit allem verquarkt wird und die Insgesamtidiotie des Daseins in bislang so noch nicht gekanntem Ausmaße vor sich hinbrummt, da kann ein Kabarettist, ein Mitglied jener Berufsgruppe, die für ein Gutteil der öffentlich abgesonderten Flachpfeiferei und desgleichen für Gesinnungsabgreifertum, semi-humanoides Fortschritts- und Menschheitsgedussel u.ä. Pein und Qual und Ohrenzwang verantwortlich ist, nicht zurückstehen. Und hätte man es ausschließlich mit Figuren wie di Lorenzo, Buchholz, Weizsäcker und den ihnen assoziierten Starksängern W. Niedecken, M. Müller-Westernhagen, P. Maffay usw. sowie noch den Unterschriftgebern bei PR-Aktionen à la „Ich bin ein Ausländer" bzw. etwas später „Mein Freund ist Ausländer" — wie nun bitte? — zu schaffen, mit jener halbseidenen Mischpoke also, die die sog. „Prominenz" und die sog. „politische Klasse" stellt, man könnte achselzuckend seiner Wege gehen und die Bagage ihrem onanistischen Unfug überlassen.

Kann man natürlich auch so. Für alle aber, die außer ihren Ohren und Augen noch weitere gute Gründe brauchen, um dem aus Friedenscamp und Mahnwache zwingend hervorgegangenen Tugut-Aktionismus von Lichterkette, -spur und -meer fernzubleiben, hier eine kleine Liste möglicher Einwände (ohne Anspruch auf Vollständigkeit):

Schuhverkäufer (Schuhtick), Herrenausstatter (de Kalb), Werbehengste (Schirner), Buchhändler usw. schalten seit Monaten anstelle ihrer üblichen Geschäftsanzeigen vage, wachsweiche Appelle gegen Rassismus und Fremdenfeindlichkeit; die Botschaft der Gesinnungsimpresarios lautet: Hey Leute — kauft beim guten Deutschen!

Wer in Deutschland aus dem einzigen Grund, kein Deutscher zu sein, totgeschlagen, verbrannt o.ä. ums Leben gebracht, also das Opfer eines Mordes wird, gilt den hiesigen Landsleuten nicht in erster Linie als solches; nicht von Mord — der entsprechend zu ahnden wäre — ist die Rede, sondern von einem Anschlag auf das deutsche Volk und sein Image im Ausland. Soviel Kaltschnäuzigkeit muß man erstmal besitzen. Der Zweck der Lichterketten ist eben nicht ein antirassistischer, sondern ein rein kosmetischer: Die Politur des Deutschland-Bildes fürs Ausland.

Auch *kritische Patrioten* sind in erster Linie Patrioten. Die Lichterkette gibt auch jenen, die das Grüßen mit erhobener Rechter abstößt, Gelegenheit zum Anschluß ans bzw. Einstieg ins Vaterland; man ist dagegen gewesen und hat doch mitgemacht, man trat auf der Stelle und lief doch mit: In den 70ern hätte man so etwas „die Dialektik des kritischen Opportunismus unter besonderer Berücksichtigung der lange schmerzhaft unterdrückten Vaterländerei" genannt. Oder jedenfalls doch so ähnlich.

Es ist — politisch, ästhetisch (und von mir aus: moralisch) — nun einmal nicht ganz wurscht, mit wem man in einer Reihe steht. Bei einer Lichterkette z.B. mit den bereits o.g. Sängern Niedecken, Westernhagen, Lindenberg, Maffay, die für eine Anzeige des Bundesinnenministeriums mit der Parole *Helfen statt Hauen* zur Verfügung standen, mithin also die für das den Namen nicht mehr verdienende Asylrecht Verantwortlichen stützten, kritisch natürlich; z.B. mit Edzard Reuter u.a. exponierten Vertretern der deutschen Industrie, die in großen Anzeigen die Logik des Konzentrationslagers als Humanismus verhökern: Ausländer, die gute Arbeit geleistet haben oder leisten, dürfen bleiben, evtl. sogar am Leben; z.B. mit Karl Moik, dem Fleischsack vom *Musikantenstadel*, der demnächst *Asylantenstadel* heißen könnte, mit Verlosung eines abschiebesicheren Zellenplatzes und dem neuen Hit der *Wildecker Herzbuben*: „Kerzilein, oh oh oh Kerzilein, du darfst nicht traurig sein, es war doch nur der Wein, ich schlug ein paar Schädel ein ...“; auch Moik plädiert ja via TV-Spot für „friedliches Nebeneinander“ o.ä. nichtssagenden, nichts verhindernden Krempel. Insgesamt wird der Lichterkettengänger feststellen, daß er Teil einer gigantischen Volksbewegung, -gemeinschaft und -genossenschaft ist, die angeblich ausschließlich höchst integre Ziele verfolgt; seltsam ist nur, daß die Zahl der Übergriffe auf Ausländer trotz aller gutvölkischen Mobilmachung nicht sinkt.

Das Wort vom „häßlichen Deutschen“ kann man bitte streichen. Die *Avon*-Beraterin richtet gegen Nazis nichts aus.

Der Wunsch, sich als „anderer, besserer, anständiger Deutscher“ zu präsentieren, ist nicht nur Ausdruck des — s.o. — kritischen Patriotismus, sondern in seiner Selbstbezogenheit, in seiner prahlerischen Sensibilität allein für sich selbst extrem widerwärtig; am liebsten ließen sich die guten Deutschen am offenen Grab von Angehörigen Ermordeter die Absolution erteilen: Nein, du bist nicht schuld, du bist gut usw.

Auch das Zentralorgan der flotten Faschisten, die „Junge Freiheit“, singt in seiner Ausgabe vom Februar 1993 ein Loblied auf die Lichterkette. In Magdeburg fand am 16.1.1993 ein illuminierter Aufmarsch statt — am 48. Jahrestag des „Terrorangriffs anglo-amerikanischer Luftstreitkräfte“. 50.000 Friedensfreunde wollten sicherstellen, „nie wieder“ vom Faschismus befreit werden zu müssen. So leicht kann das gehen bei einer derart rundumkompatiblen, beliebig für jedes Ziel verwend- und verwertbaren Form wie der Lichterkette.

Reichlich wird gewütet gegen den staatlich sanktionierten Antifaschismus der DDR. Und so erstarrt, ritualisiert, phrasenhaft und pathetisch dieser als „verordnet" denunzierte Antifaschismus partiell auch war, so war er vor allem anderen jedoch eins: eine Lebensversicherung für die im Land lebenden Ausländer und Juden, die sich jetzt mit dem nichtverordneten Antifaschismus des Herrn di Lorenzo bescheiden müssen, der zwar irre phantasievoll, aber auch irre wirkungslos ist; es könnte sich erweisen, daß die angepriesene „Ermutigung" via Lichterkette den einen oder anderen Ermutigten das Leben kostet.

Bürgersfrauen und -männer, die ihrem Staatsoberhaupt (wichtig: Mann mit Vergangenheit) nahe sein wollten, taten das in den 80er Jahren, indem sie mit Karl Carstens singend durch den deutschen Wald eierten. Heute sind die fortschrittlicheren VolksgenossInnen (hier stimmt das I) mit Richard von Weizsäcker in Sachen Lichterkette unterwegs und denken sich buchstäblich nichts dabei; die Carstens-NS-Wanderer waren vergleichsweise erträglich, weil sie nicht ständig von sich reden machten, was für tollklasse spitzenhumanistisch gesonnene Eins a Top-Mitmenschen und alles sie doch wären.

Wer sich mit der Selbstverständlichkeit, daß er das Anzünden und Totschlagen von fremden Menschen scheußlich findet, im Brustton des eigenen notorischen Gutseins auf die Straße stellt, muß jedes Gespür für Peinlichkeit verloren haben. „Ich bremse auch für Ausländer!"

rufen und stolz drauf sein, geht einfach nicht.

Wem all das nicht reicht, der sei mit Reinhard Mey gestraft: Was ich noch zu sagen hätte / dauert eine Lichterkette / und ein letztes Faß im Stehn.

Die Wahrheit über den Führer

Gewidmet Rainer Zitelmann, Dozent am Alzheimer-Institut für Neue Deutsche Geschichte, Berlin

Hitler hatte einen Kleinen
Wurde so zu dem gemeinen
Kerl, der er dann später war
— ist echt wahr!

Hitlers Pimmel war gespalten
Sonst hätt' er Rußland aufgehalten.

Hitler kriegte keinen hoch
Nur der rechte Arm ging noch.

Hitler wusch den Schniepel nie
— darum Schande Normandie.

Hitler hatte nur ein Ei
Daran brach das Reich entzwei.

usw. usf.

Mülldiät

Eine Trilogie

I.

Der Blockwart ist wieder da. Er ist klein und grün und ökologisch. Gern liegt er im Hof auf der Lauer und schnüffelt, wer seinen Hausmüll nicht getrennt entsorgt. Den geht er dann verpetzen. Auf jeden guten deutschen Mülleimer hat er eine Parole geklebt: „Weniger Müll tut gut“; der Sinnspruch hat seinen nicht unähnlichen Vorgänger „Weniger Mann = mehr Mensch“ erfolgreich vom Schwatzmarkt verdrängt. In Zeiten allgemeinen Durcheinanders, heute *Crossover* genannt, könnte es natürlich genausogut heißen: „Weniger Müll wäre mehr Mensch gewesen“ oder „Was der Müll dem Menschen tut, ist weniger gut“ oder auch „Weniger Tugutmenschen — mehr Müllmänner“.

II.

Der Bundesumweltminister, z.Zt. heißt er Klaus Töpfer, aber das ist egal, hört nicht auf, den Bewohnern des Landes ohn' Unterlaß eine unappetitliche sog. „Mülldiät“ anzudienen. Dagegen ist zweierlei zu sagen: Erstens schmeckt das Zeug nicht, und zweitens sieht man, wenn man's doch futtert, hinterher haargenauso aus wie eben jener Umweltminister. Und wer möchte das schon?

III.

Die Sozialdemokratische Partei Deutschlands dagegen, sie und nur sie allein, könnte sich der „Mülldiät“ annehmen; sie paßt zu ihr, als *Image*, als *Konzept*, ja evtl. sogar als *Imagekonzept.* Das geht so: Anstatt immerzu gemeinsam „Wir wollen wie das Wasser sein, das weiche Wasser wählt kein Schwein“ o.s.ä. zu säuseln, stellen sich die Genossen mit ihren Freunden H.R. Kunze, K. Lage und P. Maffay in eine Reihe, schnippen mit den Fingern und singen in modischem *a capella* die neue, vollprogrammatische Parteihymne: „Mülldiät ... schnipp schnipp ... bringt ein Stück weit mehr Lebensqualität ... schnipp schnipp ...“, immer wieder, während im *Background* die Parteispitze die Friedenspfeifen stopft und den *Barolo* entkorkt und die Basis diverse asylsuchende Neger in Müllsäcke hineinstopft.

Denn: So soll es sein, so wird es sein.

Pfauentag und Fraueninsel

Ein Ausflug

Ausflugsziel ist ein prima Wort, genauso prima wie *Tagestour;* beides scheint überdies unmittelbar miteinander verknotet und verklammert zu sein: Ta-ges-tou-ren, Aus-flugs-zie-le, Ta-ges-tou-ren, Aus-flugs-zie-le, welch ein Glockengeläut. Bei derlei Unternehmungen trifft man *immer* unglaublich erloschene Menschen, *immer* in Gruppen, und, wieder zuhause eingetroffen, erzählen sie dann *immer,* sie wären eine *ganz prima Truppe* gewesen und hätten *so richtig ihren Spaß gehabt,* bloß auf wessen Kosten, das erzählen sie nie. (Temporäre Gehörlosigkeit, z.B. auf Tagestouren zu Ausflugszielen, wäre ja durchaus ein Gottesgeschenk.)

Um der Zumutung Mitmensch zu entfliehen, machte ich mich am 8. März 1993 zur Pfaueninsel auf, denn eine Tagestour zu diesem Ausflugsziel hat mich noch nie enttäuscht: Angenehm unfrequentiert liegt die Insel einfach so da, wie sich das für Inseln gehört. Auf keinen Fall wollte ich wieder jäh und unverhofft zum Pornokönig gewählt werden wie fünf Jahre zuvor von dem Gros der *taz*-Damen; inmitten freundlicher Flora und Fauna herumzuschlendern und -zudaddeln, erschien mir eine geeignete Konfliktvermeidungsstrategie, und keine aufgepeitschte, hysterisierte Meute würde mich hier behelligen, denn die vorzugsweise zu Klumpen geballt ihr Leben verbringende Sorte Mensch verirrt sich nicht an Orte, wo man allein oder allenfalls zu zweien melodisch sich wiegt. Leichte Gefahr, in irgendetwas verwickelt und verstrickt zu werden, ging zwar von meiner Begleiterin aus, aber die charmante und bezaubernde Gisela Güzel ist ein Mensch ohne Arg, und so, dachte ich zuversichtlich, würde schon nichts schiefgehn.

Nachdem der übliche mürrische Busfahrer uns an der Ecke Königstraße in Wannsee abgesetzt hatte, stapften wir gemeinsam die Pfaueninselchaussee entlang. Wild lärmten die Vögel, ein Specht hämmerte wie behämmert. „Verdammt ausdauernde Burschen, diese Spechte", kommentierte filmreif und liebreizend wie immer Frau Güzel das muntere Treiben. Schwer lastete dieser bedeutende Satz im Kosmos, und erst nach einer langen Zeit des ehrfürchtigen Schweigens wagte ich wieder zu sprechen: „Ja, verdammt wahr, das." Meine Begleiterin wechselte das Thema. „Ist doch komisch, ausgerechnet am Internationalen Frauentag auf die Pfaueninsel zu fahren", wunderte sie sich. „Ja, stimmt, ist mir noch gar nicht aufgefallen", heuchelte ich, „so ein Zufall!" „Frauen", klärte Gisela Güzel mich jetzt auf, seien zwar ganz nett und alles, „aber irgendwann kriegen sie dann Einbauküchen und kaufen Kinder."

Bevor ich dieser These beipflichten konnte, erreichten wir endlich das Ufer, die Fähre zur Pfaueninsel lag schon bereit, die Maut von zwo Mark pro Nase war flink abgedrückt, und „Fährmann hol über!" gings zur anderen Seite.

Prompt standen auch gleich ein paar der Gesellen, die der Insel ihren Namen geben, auf einem frisch geharkten Weg parat, kreischten und schlugen wie auf Kommando Rad. Pfauen (und z.B. auch Goldfasane) sind in der Tierwelt das, was bei den Menschen Figuren wie Gloria von Thurn und Taxis oder Wolf Biermann sind: unnütze Esser, die erst erblühen, wenn man sie anstarrt und ihnen dafür applaudiert, daß es sie gibt. Und wollen doch auch leben. Sollen sie — nur nicht immer so nerven mit Prahlsucht und Angeberei.

Weiter liefen wir durch eine Welt, die aussah wie von Michael Sowa gemalt: Auf einem zuckerwatte- und filmkulissenartigen Türmchen hockten zwei Krähen und zankten sich um ein Stück Weißbrot; zu ebener Erdeästen vier Gänse; als ich mich vorsichtig näherte, um einen Blick in ihre blauen Augen zu riskieren, zischten sie — „chhh chhh!" — sehr verteidigungsbereit, ein Bild, das umso unwirklicher schien, da im Hintergrund der Himmel und die leicht schäumende Havel zusammenstießen; eine weitere kleinere Insel lag so geheimnisvoll da, daß man gleich Gerstäcker wiederlesen wollte, *Die Regulatoren vom Arkansas* und *Die Flußpiraten vom Mississippi.*

Im Vogelhaus wurde gebalzt wie blöd. Vorbildlich schnäbelten die Damen und Herren Sittiche und Papageien, turtelten, zwitscherten und schubberten aufgekratzt umeinander herum, ein Gepfeife und Gepiepe erfüllte die uns mild umhüllende Frühlingsluft, und mir schwante, daß auch in der Welt der Menschen schon bald wieder die Säfte steigen würden; eigentlich eine feine Sache, aber leider durch sehr unangenehme Begleiterscheinungen getrübt: Menschen, die über die Tatsache ihrer Geschlechtsreife so aus dem Häuschen gerieten, daß sie das bißchen Geschmack, das sie ihr eigen nennen dürfen, nur allzu freudig über Bord warfen. Schön und sinnvoll wäre es, für die wärmere Jahreszeit eine strenge Kleiderordnung zu erlassen und sie, weil es anders nicht geht, mit notfalls auch drakonischen Mitteln wie öffentlich vollzogener Prügelstrafe durchzusetzen: Außerhalb der Privatsphäre, in der jeder tun kann, was er möchte, von mir aus sogar wurstpellenartige *Radlerhosen* tragen, hat man vollständig bekleidet zu gehen. Freizeitkleidung, Jogginganzug, schreiend Buntes u.ä. gilt nicht als Kleidung, Jesuslatschen sind nicht als Schuhwerk zugelassen; wer als Deutscher im Ausland dabei erwischt wird, wie er, mit nichts als Badehose und Gummischläppchen bekleidet, ein Restaurant betritt und allen Ernstes erwartet, bedient zu werden, darf von den einheimischen Gastronomieangestellten auf Wunsch gesteinigt werden.

Das Quakeln zweier Kakadus riß mich aus meinen unerfreulichen Gedanken; wie närrisch taumelten die beiden vor-, hinter- und nebeneinander her und stießen dabei höchst alberne, nette Geräusche aus. Gibt es eigentlich auch schwule Vögel, fragte ich mich, und wenn ja, warum wird diese wichtige Tatsache dann totgeschwiegen? Steht denn niemand auf? Wo ist, sagen wir, z.B. Wieland Speck und prangert die Doppelmoral der Gesellschaft o.ä. an? Ich richtete diese Frage, die mir geradezu unter den Nägeln brannte, an meine Begleiterin, und Gisela Güzel antwortete mir klug und weise: „Kulturschwule sind wie Rockgitarristen: Solange noch irgendjemand oder irgendetwas anderes zu hören, zu sehen und wahrzunehmen ist als sie selbst, fühlen sie sich unterrepräsentiert und unterdrückt."

Der Internationale Frauentag auf der Pfaueninsel ging zuende, friedlich und harmonisch. Gemeinsam mit einem Dutzend abgekämpfter Inselgärtner kletterten wir auf die Fähre und wenig später in den Bus. Draußen tobten noch immer die Objekte der Ornithologie, und mit einem nahezu holden Lächeln zwischen den Ohrläppchen sprach Frau Güzel das Schlußwort: „Von Vögeln lernen heißt vögeln lernen."

Blumenkinder heute

Vollgestopfter Bummelzug Hannover-Berlin, im Abteil ein sich zankendes schwäbisches Ehepaar Mitte 40 und drei Bundeswehrler, die sich wechselseitig in Angebereien überbieten, wer den härteren Dienst schiebt. Vor zehn Jahren schnitten entsprechende Figuren stets damit auf, sich ganz prima drücken zu können — die Borisbeckerisierung des Landes hat eben längst auch das Militär erreicht bzw. durchseucht. In Magdeburg steigen die Oliven aus und werden durch zwei Mädchen ersetzt, 18, 19 sind sie, sanft und sansohaft sehen sie aus, zwei *Bambi*-Rehlein, die die Zehlein falten und *Petra* bzw. *Freundin* lesen. „Sag mal“, spricht mich unvermittelt eine der beiden an, „findest du T-Shirts auch so doof?“

Hmmh — zwar trage ich gerade ein neues und deshalb eher akkurates Seidenhemd, aber daß ich deshalb gleich T-Shirts doof ...? „Nö“, gebe ich leicht mundfaul zurück, ein weiteres Gespräch will sich anschließend irgendwie nicht mehr entwickeln, alles verschanzt sich wieder hinter Lektüre, nur das Schwabenpaar motzt bzw. motzelet sich weiter an. Die beiden Mädchen, die sich inzwischen als die Interrailerinnen entpuppt haben, nach denen sie auch aus sehen, hecheln jetzt ihre Abiturklasse durch. „Warum ist Judith so aufgequollen? Hat die zugenommen, oder kommt das tatsächlich vom Haschen?“

An diesem Tag im Spätsommer 1991 wurde mir klar daß Älterwerden insgesamt eine sinnvolle Sache und 30 wirklich kein so schlechtes Alter ist.

Birken, Braunschweig und tausend Tuben oder: Mach den Kopf zu, Godard!

Eine Finnlandreise

Hamburg, Karolinenviertel, Mitte Juni 1991: „Nieder mit den Scheiß-Gesetzen!“ hat ein vermutlich noch sehr junger Mensch mit Farbe an eine Hausfassade in der Mathildenstraße gesprüht und sich wenige Meter weiter die autonompoetischen Pulsadern vollends geöffnet: „Es ist deutsch in Kaltland“ hat er da hingedröhnt, er wird sich sehr tief empfunden haben dabei und ganz ergriffen gewesen sein von so viel lyrischer Wucht. Nein, weder ist es „deutsch in Kaltland“ noch kalt bzw. zu kalt in Deutschland, wie uns der junge Rabauke weismachen will; mit derart lagerfeuerkompatiblem Gedussel ist den spezifischen Widrigkeiten dieses Landes (Autofetischisten, Polizisten, urlaubswütige Dummgraffito-Sprayer usw.) nicht beizukommen. Und wenn der junge Mann — denn um einen jungen *Mann* handelt es sich hier; nicht, daß autonome FrauInnen weniger schlicht gestrickt wären, kopfmäßig, aber sie annoncieren an Häuserwänden für gewöhnlich eher ihre Kastrationswünsche —, wenn also der junge Mann allen Ernstes eine Beschwerde über das Wetter formulieren wollte, so ist ihm leicht zu helfen. Man muß ihn nur in ein Automobil setzen, mit dem er, Millionen von anderen einfallslosen Einfaltspinseln gleich, in eins jener Backofen- und Brutkastenländer fahren darf, um dort nach Herzenslust die Kleider von sich zu schleudern. Die Einheimischen wird er entweder mit penetranter Unverschämtheit und lautstark-überheblicher Großmannssucht malträtieren oder aber, nicht weniger aufdringlich, sie als Haken für sein Kreuz mißbrauchen und herumjammern, wie sehr er sich schäme, ein Deutscher zu sein, buhu, bitte verzeih mir, mea culpa!, und endgültig den Garaus machen wird er seinen geplagten unfreiwilligen Gastgebern mit der wieder und wieder begeistert geäußerten Beteuerung, wie wunderbar lebensfroh und eben südländisch-lässig, ja geradezu naturbelassen und authentisch sie doch seien, so beneidenswert einfach, und niemals wird sich in seine stumpfe Rübe der Gedanke verirren, daß sein Onkel-aus-Amerika-Blick durchaus beleidigend und die von ihm so dekorativ empfundene Schlichtheit des Ambientes möglicherweise bloß Armut ist.

Ja, wenn er unbedingt möchte, dann soll doch der junge Graffito-Simpel in so ein angeblich auch noch tollklasse kommunikatives Angeberland fahren und mit verbrannter Pelle, auf die er natürlich auch noch stolz ist, zurückkehren; in der Zwischenzeit wird er evtl. auch, erstmals im Leben wahrscheinlich, der von ihm hochverehrten „Arbeiterklasse“ bzw. sogar dem „Proletariat“ begegnet sein und diese beiden Worte vielleicht nicht mehr quasi mit Heiligenschein aussprechen, sondern schaudernd bemerkt haben, daß „Arbeiterklasse“ in diesen Tagen wenig mehr bedeutet als schlechte Musik und geschmacklose Kleider für alle. Und dann wird dem jungen Phrasensprüher aufgehen, daß es nicht „deutsch in Kaltland“ ist und daß er nicht weinen müßte, wenn all die ihre Geschlechtsteile Richtung Sonne hinstreckenden Dreiviertel- bis Ganznackten von einer Ozon- oder sonstwie Katastrophe möglichst rasch und möglichst rückstandslos dahingerafft würden.

Nachdem nun also der junge Spraydosenrebell eines

Besseren belehrt worden ist und hübsch bescheiden, anständig gescheitelt, mit sauberen Fingernägeln und staunend offenem Munde dasitzt, bin ich froh, endlich zu meinem Thema kommen zu dürfen. Denn vor dem Graffito im Hamburger Karolinenviertel stehen Mitte Juni leicht fassungslos zwei nicht mehr ganz junge Männer, der Dichter und Sänger Max Goldt und ich. Eben erst sind sie mit dem Zug aus Berlin eingetroffen, und am nächsten Morgen wird ein Flugzeug sie nach Helsinki schaffen, nach Finnland, wo man auch im Sommer nicht versäumt, vollständig angezogen zu sein.

Noch aber laufen die letzten Vorbereitungen. Herr Goldt hat ein Finnisch-Wörterbuch gezückt, und da er im Nebenberuf „Onkel Max" heißt und als eine Art Benimmlehrer für die aufgeschlossene, moderne bürgerliche Jugend des Landes fungiert, doziert er: „Hyvää Päivää. Das heißt ‚Guten Tag', Hyvää Päivää", und mir bleibt nur die ernstgemeinte Bitte: „Das sagst du dann aber nicht ständig, wenn wir in Finnland sind?"

Am nächsten Vormittag empfängt uns Helsinki mit sympathischen 12 Grad Celsius und grauem Himmel. „Helsinki, 12 Grad, bedeckt" — klingt das nicht himmlisch? Eher irdisch dagegen der erste Eindruck, den man von der finnischen Hauptstadt bekommt: Helsinki sieht, wenn man reinkommt, aus wie Braunschweig, und im Laufe der Reise — ich betone noch einmal, daß es sich nicht um ‚Urlaub' und schon gar nicht um ‚Kurlaub' handelt, sondern um eine Reise — wird sich herausstellen, daß man überhaupt von einer Braunschweigisierung Finnlands sprechen kann, ein Terminus, der den Kalten-Kriegs-Begriff „Finnlandisierung" endgültig ad acta packen dürfte, es sei denn, man verwendete ihn für eine wünschenswerte Entwicklung: Daß nämlich überall auf diesem lärmerfüllten Globus eine finnische Eigenart immer mehr Freunde, Anhänger und Nachahmer fände — das wortlose Starren. Dieses Starren darf man sich nicht als ein dumpfes, brütendes, mürrisches oder gar unfreundlich gemeintes Schweigen und Vor-sich-hin-Glotzen vorstellen, sondern als ein durchaus zufriedenes, gleichmütiges Schauen. Viele Menschen versammeln sich auf relativ engem Raum, beispielsweise in einem Restaurant, und freundliche Stille wird nicht durch Gebrüll o.ä. Ausdrucksformen sog. „Lebensfreude" verunziert; jenen Mitmenschen, die besessen sind von der Idee, allzeit locker, dufte und kontaktfreudig sein zu müssen, all diesen Kommunikationspfeifen sei der Besuch eines *Workshops Starren* dringend anempfohlen, und schön teuer soll er bitte auch sein.

Brüllend, ja geradezu dämonisch laut sind, im Gegensatz zu den Bewohnern Finnlands, die finnischen Fußgängerampeln; als Signal für blinde Mitmenschen ertönt in ca. *Motörhead*-Konzert-Lautstärke etwa eine Minute lang ein durchdringendes „Bieh-Bieh", das ‚Warten' bedeutet; freie Bahn dagegen wird von einem schneidenden „Biiiiiiieeee" angezeigt. „Orgasmusampeln" nennt Herr Goldt das, und als ich ihn sehr fragend ansehe, erläutert er: „Ist doch klar. Erst die ganze Zeit bieh-bieh bieh-bieh, und am Ende dann ganz lange biiiiieeeeh." Die sicher sehr interessanten, ja nach seltenen Praktiken klingenden Einblicke in das Sexualleben meines Begleiters kann ich leider nicht vertiefen, da mir einfällt, daß an deutschen Fußgängerampeln eine Art Blindenknopf angebracht ist, der per Vibration anzeigt, wann man die Fahrbahn gefahrlos überqueren kann; immer wieder aber sieht man ungläubig Menschen aller Altersklassen und sozialer Schichten auf die mit drei schwarzen Punkten auf gelbem Grund eindeutig gekennzeichneten Knöpfe drücken, um damit die Fußgängerampel eher auf ‚Grün' springen zu lassen, eine Wachheit und Geistesgegenwärtigkeit gegenüber dem Alltagsleben, die nur noch von Zugreisenden im Transitverkehr durch die DDR, also z.B auf den Strecken Berlin-Helmstedt oder Berlin-Hamburg, übertroffen wurde: Wann immer man in einem solchen Zug saß, fand sich jedesmal mindestens eine Person, die, ohne auch nur aus dem Fenster zu sehen, mit dem Finger nach draußen zeigend im Abteil herumstocherte und „Trostlos! Trostlos!" hervorstießt, ganz gleich, ob man gerade an einer Stadt, einem Dorf, einem Wald oder einer Wiese vorüberfuhr, immerzu wurde, natürlich von einem Westdeutschen, „Trostlos! Trostlos!" geblökt und blindgelabert, was in etwa dem „Belogen und betrogen!" ehemaliger DDRler entspricht.

Im Zug von Helsinki nach Oulu am Bottnischen Meerbusen blökt niemand, Trostloses schon gar nicht. Freundlich und schweigsam starrend sitzt man da und zischt durchs Land, und draußen gibt es Birken, Birken, Birken, schwarzweiß-silbrig-grün. Vor Jahren hing in jedem Mädchenzimmer, in jeder WG-Küche und sonstwie Alternativbude das Linkskitschgedicht eines türkischen Poeten, „Leben einzeln und frei, und brüderlich wie ein Wald, das ist unsere Sehnsucht", kürzlich sah ich es als Graffito mit der Änderung „und schwesterlich wie ein Wald", oh Gnade, es geht wahrhaft jeder und aller Schwindel glatt durch dieser Tage, wieso eigentlich dann nicht auch „bürgerlich wie ein Wald", aber egal, die Birken wirken prima aufs Gemüt, füllen es mit Fröhlichkeit und freundlichen Gedanken, und so beginnen auch Herr Goldt und ich mit dem Dichten bzw. Reimen, „125 oder so Birkengedichte“ sollen es werden, schlägt Herr Goldt in grenzenloser Zuversicht vor und legt einen Vierzeiler hin, in dem er das lateinische Wort für Birke, „Betula“, auf „Schwuler“ reimt, nun ja, aber auch meine Phantasien werden von den gutaussehenden Birken kräftig stimuliert:

Junge schlanke Birkenbäume
Hochgewachsen und sehr willig
Bevölkern meine feuchten Träume
Finden Sie das auch so billig?

Ansonsten geht es uns aber gut, und mitten im Dichten schreckt Herr Goldt plötzlich hoch und fragt wie gehetzt: „Habe ich eigentlich den Müll runtergebracht?“ — Dazu kann ich nichts sagen, nutze aber die Gelegenheit, um mit einem Berliner Birkenvierer vorzupreschen:

Birken find ick ziemlich knorke
Denn ick stamme aus Ballin
Besonders die schwarz-weiße Borke
Reißt ma imma wieda hin.

Schlimmeres verhütet die Ankunft in Oulu, wo wir es mittlerweile völlig normal finden, für ein Glas Bier zwölf DM zu bezahlen, uns darüber wundern, daß trotz sommerlichen Wetters viele Menschen schwarze Fingerhandschuhe tragen, aber natürlich gilt: Besser zuviel anhaben als zuwenig. In der Jugendherberge werden wir versehentlich in den Mädchentrakt getan und sind in direkter Folge verantwortlich für zwei aufgeregte, ja geradezu schwindelig gemachte Teenager; etwas, das ich mir, auf dem sanft geschwungenen Hügel meiner Dreißigjährigkeit stehend und nachsichtig auf die Niederungen der Jugend schauend, auch nicht mehr ausgerechnet hätte.

Auf der Zugfahrt nach Rovaniemi erreicht meine Birkendichtung die Meta-Ebene:

Sie nennen mich den Birken-Benn
Denn ich bedichte Birken
Bescheiden, still und treu, als Fan
Will ich für Birken wirken.

Rovaniemi kommt uns beim Versuch, vier unterhaltsame Stunden zu verbringen, nicht eben entgegen. Braunschweig läßt grüßen, die klobigen Häuser wirken wie wahllos zwischen die Birken gestreut, irgendwie zweitrangig und belanglos, aber dafür gibt es, wie sich das für eine finnische Stadt, die auf sich hält, gehört, einen Kulturwürfel des berühmten finnischen Architekten Alvar Aalto, auch das in Rovaniemi errichtete — man möchte beinahe sagen: hingerichtete — Baukastenungetüm ist von erlesener Scheußlichkeit, gesamtschulkomplexartig, und in dem u.a. darin untergebrachten Museum für Volkskunde findet sich, neben in einer Vitrine vor sich hin bleichenden Filzstiften „Made in Italy", auch ein sog. „Olympiabett", eine Protestantenpritsche, auf der 1952 ein indischer Olympiateilnehmer garantiert jugendfreie Träume hatte.

Ein Überlandbus trägt uns nach Sodankylä, unserem Reiseziel, denn dort, mitten in Lappland, findet seit 1986 frühsommers das *Midnight Sun Film Festival* statt, das klaro, wegen der zu dieser Jahreszeit dort gleichermaßen tags wie nachts scheinenden, ja weiß gleißenden Sonne so heißt. Zuvor aber überrollen wir den Polarkreis und passieren das Dorf, in dem — jedes Kind weiß das —

der Herr Weihnachtsmann mit seinem Rentierschlitten haust. Das geht natürlich schwer auf die Dichtung:

Glaubst Du an den Weihnachtsmann?
Ich habe ihn gesehen.
Er nahm die Kids von hinten ran.
Und konnte kaum noch stehen.

Obwohl Sodankylä, bei einer Einwohnerzahl von 11.000, zehnmal so groß ist wie Großberlin, finden wir flink unser Quartier, das *Hotelii Gasthof.* Das Zimmer, lt. Prospekt „frisch, weil es ohne Teppichboden ist", verfügt über gleich zwei Olympiabetten, und wer je den Versuch unternimmt, in einem solch spartanisch-skandinavischen Möbel etwas anderes zu tun als allein zu schlafen, hat seine erste Prüfung als Fakir bestanden und außerdem begriffen, warum Ingmar Bergman so schreckliche Filme gemacht hat.

Die Filme, die auf dem Festival gezeigt werden, sind auch eher so lala und meist schon sonstwo im Kino oder TV gelaufen, aber das macht nichts, weil alles so nett ist, auf der Straße die fußgängerfreundlichen, quasi in ständiger Bremsbereitschaft lebenden Finnen, am nahegelegenen klatschkalten Fluß die Rentiere, die einen aus mittlerer Distanz beim Baden beäugeln, und im Supermarkt die Vielfalt der Tubennahrung. Nachdem man nämlich beim Einkaufen mit Genugtuung entdeckte, daß abgepackte Salami „Braunschweig" heißt, stellt man fest, daß man alle möglichen Nahrungsmittel auch in Tubenform kaufen kann, also nicht nur diverse Fischpasteten — Lachs, Bückling, Kaviar etc. —, sondern auch z.B. Mixed Pickles und Gurken. „Eine Tube Gurken, bitte" — das ist eine schöne Bestellung, der mittlerweile eingetroffene Wiener Top-Zeichner Tex Rubinowitz saugt das Zeug aus der Tube direkt in den

Schlund, während Herr Goldt es sich ausschließlich auf „Finncrisp" schmiert, das es klugerweise nicht in Tubenform gibt; gerne würde ich im deutschen Fernsehn eine Talkshow mit Lea Rosh sehen, die zum Thema „Die hochentwickelte und differenzierte finnische Tuben-Kultur" viele Experten eingeladen hätte, und im Showblock spielte eine Deutschrockband ihren Hit „Finnland ist der kleine Bruder jener Pinwand namens Tod, der ja bekanntlich ein Meister aus Deutschland ist".

Gleich eile ich los ins *Hotelii Gasthof* und schalte das Gerät ein, aber die schöne Talkshow gibt es natürlich nicht, auch keine zum Thema Überraschungsei-Kultur, Mist, statt dessen MTV. Diesen Musikkanal kucke ich so ca. alle sechs Wochen ganz gerne weg, erfreue mich an der Zik-Zik-Zilles-Schnittechnik der Videos (mit bis zu etwa 300 Schnitten pro Sekunde), lasse identische Bilder von hampelnden HipHop-Negern oder mähneschwingenden Langeweiler-Metal-Weißen an mir vorüberziehen, finde immer wieder Gefallen an den Pseudospielfilmen mit boy-meets-girl-Geschichten, und dann hat er noch eine Terrine Suppe zu Hause, und alle sind glücklich, oder betrachte angeregt diverses Mädchengruppengetanze, das in der Zeitung ‚spex' unter der Bezeichnung „girlism" läuft, das ich aber lieber als *Mädchenismus* bezeichnet wissen möchte, doch doch, MTV ist schon prima prima aus Dänemark, aber daß man mitten in der Wildnis, während der Mitreisende Goldt im Schlaf Geräusche produziert, die Familie Wildschwein nach reichlich Abendbrot gut anstehen würden, tatsächlich die Hannoveraner *Scorpions* und ihr abgeschmackt-anbiederndes „Wind of change"-Video erdulden muß, Sänger Klaus Meine wie üblich in albernen Lederklamotten und mit VHS-Kurs-Englisch, das ist nicht gut und schürt auch schweren Zweifel am gesamteuropäischen Gedanken.

Auf dem Festival wird der 81jährige *Andre de Toth* mit einer Retrospektive geehrt, ein kleiner, verschmitzter alter Mann mit Augenklappe, der in Hollywood mittelprächtige Schwarze-Serie-Krimis, Western, (Anti-)Kriegs- und andere Genrefilme gedreht hat. „Making films means fights for money, ugly fights, but for a moment like this, it's worth it", sagt er, und dann kuckt er mit ein paar hundert Neugierigen seine alten Filme, und das alles ist so lieb und süß und anrührend, davon könnten sich z.B. die Berlinale-Windmacher wie der Angeber Manfred Salzgeber (bzw. der Salzgeber Manfred Angeber) eine dicke Scheibe herunterschneiden, und wenn sich demnächst ein paar junge Enthusiasten und Aficionados aufraffen und eine Filmzeitschrift machen, so soll sie bitte auf finnisch sein und „Ohjaaja" heißen, das finnische Wort für Regisseur, oder aber, zweiter Vorschlag, allen Wichtigtuern des Gewerbes vor den Kopf gesemmelt, „Mach den Kopf zu, Godard!" Ich bitte darum.

Abends, das will ich nicht verschweigen, spielen sich partiell schwer ins Unwürdige lappende Szenen ab, man sieht Menschen, die, sich erbrechend, über einem Zaun hängen, aber nichtsdestotrotz nicht versäumen, freundlich zu grüßen oder „Where are you from?" zu fragen. Was das Alkoholwesen angeht, wirkt Finnland ausnahmsweise nicht wie Braunschweig, sondern wie die alte DDR: Obwohl es im Lokal halbleer ist, steht man in zwei Schlangen an, „in two snakes", wie wir anglophilen Top-Neusprachler und ausgebufften, abgebrühten und rauhbeinigen Schreibkraftprofis und -experten sagen. Erwachsene Menschen gehen flehend vor dem oder der „Vahtimestari" (wie Wachtmeister) in die Knie und betteln um Einlaß in den Ausschank, aber diese knochentrockenen Türsteher — gern auch athletische Frauen —, die jeden Restaurantbesuch zum Match gegen den Angstgegner machen, schauen ihren Kunden bis auf den Grund ihrer nach alkoholischer Gnade lechzenden Herzen, schütteln nur den Kopf oder beugen ihre Nase in den Mund des Durstigen und schnüffeln *sniff sniff*, ob der Atem schon geschwängert ist von geistigem Getränk. Abweisungen können aber auch aus eher sphärischen Gründen erfolgen: Wenn man als Ausländer so gut finnisch spreche, müsse man ja betrunken sein, lautet ein eigenwilliger und origineller abschlägiger Bescheid, und so wundert es denn auch nicht, daß die Alkoholgesetze *das* beherrschende Thema jeder Konversation sind. Da man aber über das Trinken wie über das Wetter nicht redet, setzt man sich lieber in ein improvisiertes Café, läßt sich nachts um halb drei von der Sonne bescheinen und findet sogar die beiden unvermeidlichen Bongospieler in Ordnung, die auf der ganzen Welt und eben auch in Lappland Parties und Festivals mit ihrem Geklopfe erfüllen. Ob wohl immer dieselben beiden rund um den Erdball jagen, oder sind da mehrere, vielleicht sogar gewerkschaftlich organisierte Duos am Werk?

Mit dieser wichtigen Frage zwischen den Ohren schaukelt man in die Heia, verspeist zum Frühstück eine kleine Seenplatte, hilft am Busbahnhof einem Bekannten aus Hamburg, der übernächtigt, verkatert und abgebrannt — „Alles vertrunken“, grinst er unter der Sonnenbrille nicht ohne Stolz —, mit einem Wort: grundsympathisch auf seinem Gepäck hockt, mit Bargeld aus und dampft nach Hause. Weil: Reisen ist schön, macht aber viel Arbeit.

Zur Dialektik von Vatermutterkind

Ein dringend erforderlicher Einwurf, geschrieben in schwerer Zeit

Einerseits ist gerade die junge, moderne, aufgeschlossene, ja aufgeklärte, bewußte, politisch um Himmels Willen keineswegs desinteressierte, undressierte und feministisch vollfrisierte Frau von heute zum Verzicht aufs Jungekriegen nun nicht länger bereit, sondern im Gegenteil zum Werfen, Gebären, Sichvermehren und Abmuttern wüst und wild entschlossen, so daß eine Fortsetzung von Kevin Costners „Robin Hood" unter dem Titel „Motherhood" wohl unabwendbar ins Haus steht;

andererseits fantert und gackert gerade diese Klientel über kein anderes Thema so gleichermaßen aufgekratzt wie ahnungslos durcheinander wie über *das* Modesujet der Saison 1992/93, Kindesmißbrauch. Denn über nichts läßt sich in entsprechenden Kränzchen und Runden, bzw. wenn der Fahrstuhl steckenbleibt, prickelnder und raumgreifender sprechen als über, so heißt das einschlägig, die diesbezüglichen eigenen „Erinnerungen und Nicht-Erinnerungen", wobei noch zu klären wäre, was enervierender ist: das Sich-Brüsten mit tatsächlich Erlittenem, das Sich-Ergehen in permanenter Opfer-Gestik und rhetorik oder aber das Kramen in Nicht-Erinnerungen, das Zutagefördern erfundener Schrecken, um im Zuge der allgemeinen Wichtigmacherei nicht abseits stehen zu müssen;

drittens aber — auf These und Antithese folgt stets und zwingend die Prothese — hat die klassische Kleinfamilie als Organisationsform zur Sicherung des Populationsbestandes quasi ausgedient und verspielt, und das kleine Glück ist gleichermaßen fragil wie fragwürdig geworden, leicht geht alles in die Dutten und groß sind dann Ach und Krach;

und so kommt *viertens* und schlußendlich den jungen, frischgebackenen Vätern die schwere Aufgabe zu, sorgengepeitschte Mütter zu entlasten, beruhigend auf sie einzuwirken, ihnen mit Hilfe von vertrauensbildenden Maßnahmen die Angst, wenn nicht sogar die *Ängste* zu nehmen; denn wer Angst sagt, muß auch Ängste sagen, Angst vor der Zukunft z.B., oder, mit *Björn* gesprochen: „ein Stück weit Ängste vor den Zukünften". In Zeiten allerdings, wo Woody Allen, der es wagte, ein Verhältnis mit einer zwar jungen, aber komplett volljährigen Frau zu haben, dennoch aber weiterhin seine kleine Tochter dann und wann auf dem Knie zu schaukeln, sie auf den Schoß zu nehmen u. dergl. und dafür in „Emma" von Alice Schwarzer zum Kinderficker deklariert wurde, als Verkörperung des Bösen schlechthin gilt — klar, Frau Schwarzer: Mann, Intellektueller, Komiker und auch noch Jude, das kann einfach nicht gutgehn —, in all dieser wirren Verzwacktheit aus Mutterschaft, bösen Onkels — nein, nicht auch noch die Nazi-Rocker mit ins allgemeine Gereiher hineingerührt, die sind hier nicht gemeint — und sog. „neuen Vätern" ist die Latte für den männlichen Erziehungsberechtigten hoch, sehr hoch gehängt, und unter den gleichsam hoffnungsvollen, wiewohl mißtrauisch strengen Augen der Mütter kann es leicht zu einem folgenschweren Schnitzer kommen.

Ein Beispiel? — Nur zu gern: Kürzlich hatte ich Gelegenheit, Herrn Worgitzky, einem Kollegen und Neu-Vater, beim Wickeln seiner vier Wochen zuvor geschlüpften Tochter Charlotte zuzusehen. Ruhig und geduldig, sanft und liebevoll, befreite sich der gut erhaltene Vierziger freudig von seiner Aufgabe und sein Töchterchen von der Kinderkacke. Die Kleine juchzte wonnig, alles war eitel Harmonie und Glück, an dem teilzuhaben die Mutter jetzt nahte, und kaum stand das familiäre Trio vereint, da entfuhr es Worgitzky geistesabwesend: „Aah, Lolita, du kleine geile Schlampe ...“

Muß ich noch berichten, wie die Sache ausging? Von Worgitzkys Zwangseinweisung in ein sog. Männerhaus erzählen?

Ich glaube kaum.

Bücherfrühling

Die wichtigsten, fesselndsten, eindringlichsten und natürlich wichtigsten Neuerscheinungen dieses Bücherfrühlings auf einen Blick: *Kind gemacht und kundgetan — Gebärstreikbrecherinnen berichten* heißt die jüngste Untersuchung zum Thema „Werfen und Geworfensein“ von *Gerburg Treusch-Dieter*, wie immer gefördert vom Bundesfamilienministerium. Ähnlich erregend liest sich auch das neue Hammerwerk von *Margarethe Mitscherlich: Mit Schirm, Charme und Neurose — Über die Unfähigkeit zu schweigen*. Poetisch dagegen die nachgelassene Gedichtsammlung *Kann man nach Feierabend noch Gedichte schreiben* von *Paul Celan* (Piper), die für Kritiker manch harte Rätselnuß zu bieten hat. Wer es vorzieht, statt mit schwarzer Milch eher fröhlich in den Tag zu kommen, ist mit *Rettet die Regenwale!* von *Micky Remann* (natürlich bei 2001) gut bedient, auch die beigelegten Wal- und Schamanengesänge wirken sehr, sehr positiv und entspannend. Eher laut und krachledern geht es bei *Thomas Kapielski* zu: Der Neuköllner hat im Selbstverlag eine Sammlung seiner schönsten Lokalauer herausgegeben: *Icke, Bana, Ballin!* Prädikat: knorke! In der Reihe „Das Buch zum Film" hat der Eichborn Verlag einen guten Griff getan: Nach *Gandhi II — Der sich alles gefallen läßt...* bringt das Frankfurter Verlagshaus jetzt auch das Skript der jüngsten Fortsetzung heraus: *Hilfe, die Sandalen kommen! Gandhi III: Er ist wieder da, und diesmal hat er eine Stinkwut!* Noch zum Herbst soll *Gandhi IV — Das andere Bein hinhalten* folgen. Auch *Diedrich Diederichsen* ist ein großer Wurf gelungen: *Ohne Punk und Koma* heißt seine Autobiographie, die sich vor allem um den Unterschied zwischen Jazzrock und Rockjazz rankt. Sein Freund und Wegbereiter *Rainald Goetz* dagegen bringt noch zu Lebzeiten eine Gesamtausgabe letzter Hand in die Läden: *Horx. Hoettges. Schrank. Stücke.* heißt der veritable Ziegelstein, der u.a. die Kassenknüller *Stumm. Schlitz. Stücke.* und *Scheck. Vogts. Text.* enthält. Vergleichsweise mau erscheint dagegen der neue *Horst-Eberhard Richter: Umgang mit Bartangst — Ostzonenpastoren aushalten* ist allenfalls interessant für Frömmler. Ein ganz anderes Kaliber dagegen mein Lieblingsbuch dieses Frühjahrs: *Knallt sie ab, die Schweine! — Versuch einer Annäherung* von *Benjamin Bimbo* ist ein behutsamer, einfühlsam und eindringlich geschriebener Augenzeugenbericht über das berüchtigte Meerschweinchenmassaker in Guinea im Jahre 1957.

Von der Silberbüchse zur Verräterspalte
oder:
Karl May und die Männer (bzw. Frauen)

Eine knietiefe Betrachtung

Satiriker-Notruf von der *Titanic*: Am 25. Februar '92 sei der 150. Geburtstag von Karl May, am 30. März sein 80. Todestag, beides sei in Sachsen passiert, Sachsen sei wieder unser, gehörig werde es rummeln in den Feuilletons, da müsse man doch vorab *was drüber machen*, bevor die Fuzzis wieder alles falsch..., ich hätte *die Scheiße* doch gelesen usw., kurz und gut, ein Artikelchen über den Erfinder Winnetous solle ich schreiben. „Die Silbäbüchs' — ee Klassebüchs' !" höre ich im Hintergrund schon Frankfurter Mundart babbeln, na, wenn mich das nicht überzeugt, obwohl ja eigentlich Kollege Goldt hier *zuständig* wäre, jedenfalls nach der üblich eingeschränkten *Titanic*-Sicht der Dinge, denn so schwul wie bei Karl May kommen wir nicht mehr zusammen, außer in Berlin-Schöneberg natürlich, dem *Dorado* der gleichgeschlechtlich Orientierten, wo Lederknaben defilieren zwischen z.B. *Hafen* und *Knast*, daselbst sie mit oft teilnahmslosen Gesichte die Teile aneinanderreiben, aber das ist eine andere Geschichte. Mächtig wird rumgeschwult bei Karl May, *unzertrennlich* sind der lange Davy und der dicke Jemmy (die dicke Jenny?), Humply-Bill und Gunstick-Uncle, Hobble-Frank und Tante (Tunte?) Droll, Winnetou und Old Shatterhand sowieso.

Winnetou, mit blauschwarzem, helmartigem Haarschopf, dem edlen römischen Antlitz und dem leichten Bronzehauch (Tagescreme?) auf den Wangenknochen, den Oberkörper frei und die Beine in strammen Leggings, gibt ein Klasseobjekt der Begierde ab für seinen Blutsbruder Shatterhand. Gefahr für die Liebe droht von Winnetous Schwester Nscho-Tschi; die wird eben kurzerhand *ausgelöscht*, wie das allen geschieht, die in Karl Mays Universum stören, weil sie nicht deutsch — besser noch: sächsisch —, nicht christlich und nicht homophil sind, sondern eben Schurken und Halunken, die mit *Master Hanf* Bekanntschaft zu schließen haben. Oder es eben mit dem Henrystutzen derart besorgt kriegen, daß sie höchstens noch um Gnade betteln und winseln.

Shatterhand, Ich-Figur des Erzählers May, ist ein ekelhafter Patron, ein Besserwestmann und Klugschnacker, der alles und alles natürlich besser kann, vom *Knieschuß* fabuliert und davon, wie die Augen im Dunkeln phosphoreszieren; einer, der am Knacken eines Ästchens nicht nur Rasse und Alter, sondern auch noch Haar- und Augenfarbe usw. des Anschleichers bestimmen kann, und der natürlich selbst ein Meister des Anschleichens ist, bevorzugt von hinten ran an den Mann geht, einer, der das Gras nicht nur wachsen hört, sondern mit jedem niedergetretenen Halm auf Duzfuß steht und sich nicht mal bedankt, wenn er aus Lebensgefahr gerettet wird, weil er sich selbst ja viel besser hätte retten können — ein Schulmeister, der auch im wildesten Westen seinem inneren wie äußeren Waschzwange frönt, nach drei Tagesritten noch peinlich sauber und rein ist, weil er stets ein Stück Seife dabei hat (nach dem er sich dann auch ganz prima bücken kann, harr, harr).

Viel ist lamentiert worden über die entsetzlich langatmigen Landschaftsbeschreibungen, die Karl May noch dazu samt und sonders aus Magazinen wie *Geo* und *Merian* abgeschrieben habe; *diese verschissenen Landschaftsbe-*

schreibungen, stöhnten bereits 1973 Theo und Elke Sommer in der *Zeit*; gerade aber die Landschaftsbeschreibungen sind für Freunde des Verklemmten eine Fundgrube: Tief eingeschnittene Täler (in denen stets ein schmales Rinnsal entspringt), in die man aber nicht eindringen kann, weil der Zugang verwehrt ist durch dichtes Dornengestrüpp, und erst, wenn man da durch ist, durchs Gröbste, dann ist man drin in der Mutti, hurra und hussa! Von Spalten wimmelt es, in die es gefährlich tief hinabgeht, und am Grunde lauert der Urschlamm, die Gefahr der Niedrigkeit, die vom Weibe ausgeht, und wie schön dagegen sind die arschförmigen Landschaften, über die die Helden hinweggaloppieren auf Pferden mit natürlich Prachtärschen, und die sich bei Gefahr so dicht aneinanderdrängen wie ihre Herren.

Nein, gepriesen seien die Landschaftsbeschreibungen Karl Mays, gepriesen jedenfalls im Vergleich zu den endlos zähen, salbadernd-schwafligen, schwülstigen Dialogen, die er seine Helden sprechen läßt, umständlich, verquast und deutsch bis in die Knochen: „*Da richtete er zum ersten Male das Auge voll und forschend auf mich und sagte: ‚Die Bleichgesichter sind über das große Wasser herübergekommen. Dort gibt es Lichthaarige, die Engländer, und Dunkelhaarige, die Spanier. Zu welchen gehörst du?‘ ‚Zu diesen nicht und zu jenen auch nicht!‘ antwortete ich. ‚Das ist gut! Sie sind Lügner mit lichtem Skalp und Lügner mit dunklem Skalp. Aber zu welchem Stamm gehörst du sonst?‘ ‚Ich gehöre zu dem großen Volk der Germans, die Freunde der roten Männer sind und noch niemals ihre Wigwams angegriffen haben.‘ ‚Uff!‘ sagte er überrascht. ‚Die Germans sind gut. Sie haben nur einen Gott, nur eine Zunge und nur ein Herz.‘ ‚Kennst du sie?‘ fragte ich, nun meinerseits über-*

rascht. ‚Nein', antwortete er." (aus: *Tödliches Feuer*, in: *Winnetou und der schwarze Hirsch, Unbekannte Geschichten aus dem Wilden Westen*, Albrecht Knaus Verlag 1982)

Pech für den noblen Indianer (hier: Pokai-po), daß er sie nicht kennt, die guten Germans, sonst hätte er anders gesprochen; immerhin aber bekommt er bald zu spüren, daß die vielgepriesene Völkerfreundschaft nicht viel wert ist: *„Ich freute mich, als ich vernahm, daß du Old Shatterhand seist, aber ich sehe doch, daß es schwer ist, der Freund eines Bleichgesichts zu sein.*" Eines Arschgesichts wäre treffender gesagt gewesen, denn der weiße Bruder Scharlih = Old Shatterhand = Karl May erweist sich wie immer als echter Sozialdemokrat: Das Unrecht sehen und benennen und doch am Ende immer mit den Mächtigen paktieren, niemals die eigene Rasse oder Klasse verraten, zur Stange halten wider besseres Wissen und sich dabei gebärden als der Große Gerechte, der auf dem Schmiermittel Jesus Christus dem Paradies entgegenrutscht, das ist das Ideal Mays, wenn er auch immer wieder pazifistische Töne einflicht und die Ausrottung der Indianer irgendwie nicht so gut findet: Am Ende, auf dem Sterbelager, dient er ihnen die christliche Taufe an. 1992 würde Karl May *Ich bin ein Ausländer*-Anzeigen nicht nur unterschreiben, sondern selbst texten; er wäre dort zuhause, wo der gute Wille den Verstand ersetzt. *„Der Türke an sich ist bieder und ehrlich"* schrieb er in *Von Bagdad nach Stambul* und landete dabei einen Zufallstreffer: Man muß ihm zustimmen, wenn man die Jungs ihre Golfs und BMWs polieren sieht.

Warum also liest man den Scheiß? Weil es so prima ist, an die 100 dicke dicke Biechärr zur Auswahl zu haben, in denen in jedem eh dasselbe drinsteht? Weil Karl May, der in Westmannskluft durch Radebeul latschte, sich seine Kindheits- und Jugendträume erfüllt hat, wie man das heute nicht mal mehr als Terrorist kann? Weil man sich als Leser, der jetzt schon 25 Jahre dabeibleibt, in einer Gemeinschaft von Wahnsinnigen weiß, zu der z.B. auch der Karl-May-Herausgeber Hans Wollschläger, der Irre aus Bamberg, gehört, der eigentlich Hans Wüllenweber heißt, wie wir durch Eckhard Henscheid wissen, und der von sich z.B. solches sagt, Helmut Kohl antizipierend: *„... mir, der Leben und Arbeit in aller Gelassenheit darauf eingerichtet hat, ohne externen Beifall auszukommen...“* (*In diesen geistfernen Zeiten*, Haffmans Verlag 1988), obwohl man ihn doch alseinen der allerverwegensten Eitelköpfe des Landes kennt, mit weißem Schale und in Heldenpose? Oder weil auch HJ Syberberg Karl-May-Fan ist, wie auch Hitler einer war, Lübke, Arno Schmidt, Ernst Bloch, Bill Bo, Tom und Jerry, alle quasi?

Oder weil am Ende doch immer der Henrystutzen in die Silberbüchse getan wird, unweigerlich, oder, wenn es eine wüste Nacht werden soll, der Bärentöter? Weil die Weiber, Hand aufs Herz, ja doch nur nerven, wenn wir Kerls uns über Gott und Uns und Alles mal richtig besprechen wollen? Weil stramme Kugelärsche und hornige Herrenhände doch was anderes sind als *“Frauen mit diesem Geschmadder da unten“* (Günter Thews)? Weil keine Frau wird jemals wissen, wie schön das ist, wenn sich zwei Unrasierte küssen? Weil Anschleichen so astrein ist?

Ich weiß es nicht. Und will's auch gar nicht wissen. Ich weiß nur dieses: Ein Schuß, ein Schrei — das war Karl May. Ein Schuß, fünf Tote — das war Kojote.

Kojote war besser. Hat aber keine Bücher geschrieben.

Heiko das Haiku

Heiko das Haiku spricht zu seinem Vater:

„Die Erde gehört nicht dir, Vati! Du hast sie dir nur von mir geliehen. Und wenn ich will, mußt du sie mir wiedergeben."

Heiko das Haiku ist elf und steht auf *They might be Giants*. Sein Vati ist Dozent für neue deutsche Literatur an der Uni Heidelberg, Fachbereich Lyrik (Ilse Aichinger, Rose Ausländer, Rosel Zech). Heiko das Haiku soll „später auch mal was mit Germanistik machen". Ernsthaft nickt Heiko das Haiku mit dem Kopf: „Ja, Vati, du mußt mir die Erde wiedergeben. Denn sie gehört nicht dir, ebensowenig wie unsere Träume. Also: Her damit! Wiederhaben! Jetzt gleich, ey! Los, Alter! Aber subito!" —

„Aua! Aua! Nein! Vati! Bitte nicht! Aua! Aua! Nicht! Du kannst sie noch ein bißchen behalten, Vati! Au! Au! Nein, ganz! Für immer! Ehrlich, Vati! Ich schwöre! Nicht! Nicht! Auaaaah! Neiiiiiin ...!"

Flaschenpfand fürs Vaterland

Vaterland, den ersten Roman des britischen Historikers Robert Harris, las ich in einem Zug; in dem von Basel nach Berlin nämlich. Was für eine Lektüre: ein rasant geschriebener Thriller, der ohne Happy End einer spannenden Frage nachgeht: Wie hätte die Welt vom Holocaust erfahren, wenn die Nazis den 2. Weltkrieg gewonnen hätten?

Diese Frage aber auch nur zu stellen, möchte das deutsche Feuilleton nun doch keinem Ausländer gestatten. Über *Vaterland*, das gleichzeitig in zehn Muttersprachen erschien, in den USA und in Großbritannien ein Bestseller ist, dessen Taschenbuch- und Filmrechte ruckzuck und für Rekordsummen verkauft wurden und das vor allem eben ein phantastisch gutes Buch ist, schrieb die *Zeit*: „Wenigstens hat sich kein deutscher Verleger für solch frivole Geschmacklosigkeit hergegeben." Ein deutschsprachiger aber immerhin fand sich: der Zürcher *Haffmans Verlag*, und der darf sich jetzt anhören, was nach deutscher Art und Pampigkeit zusammengeredet und -geschrieben wird, daß nämlich Harris sein Buch über das Dritte Reich nur geschrieben habe, um das neue, große, wiedervereinigte Deutschland umso leichter in dessen Nähe rücken zu können usw. usf. Nein, den Holocaust, *die* deutsche Kulturleistung dieses Jahrhunderts, diesen perfekten Ausdruck ungebremsten deutschen Wesens, den läßt sich ein deutscher Feuilletonist nicht von einem hergelaufenen Ausländer streitig und madig machen, denn wer hat schließlich am meisten unter Auschwitz zu leiden? Die Deutschen doch, die dieses Kreuz nun endlich und für alle Zeit an den Haken hängen wollen, bewältigt und basta!

Am 2. Dezember 1992 findet in der Berliner Buchhandlung *fnac* die einzige Lesung von Robert Harris in Deutschland statt; inklusive Veranstalter, Journalisten und Robert Harris selbst haben sich ganze 32 Menschen eingefunden. Verleger Gerd Haffmans berichtet, daß 25 deutsche Verlage bei *Vaterland* abwinkten, Leute, die sich sonst kein Geschäft durch die Lappen gehen lassen, sich aber ein angeblich un-, ja anti-deutsches Buch nicht nachsagen lassen wollen; das Berliner Literaturhaus in der Fasanenstraße habe es abgelehnt, die Lesung zu veranstalten, erzählt Haffmans weiter, betont die angelsächsische Tradition der *historical fiction*, verweist auf Bücher von Philip K. Dick und Len Deighton, deren Plots ebenfalls in einem siegreichen Nazideutschland angesiedelt sind, nennt *Vaterland* ausdrücklich „nichts als einen Thriller" und ist offenkundig konsterniert über die eisige Reaktion auf das Buch; vielleicht hat er sich als Bewohner der Schweiz nicht vorstellen können, wie Deutsche reagieren, wenn ein Fremder sie auf ihre Vergangenheit hinweist, zumal ihre Gegenwart dieser täglich ähnlicher wird.

Robert Harris liest die Passage, in der ein von Speer nach dem gewonnenen Krieg gebautes Großberlin beschrieben wird: „Höher, länger, größer, breiter, teurer ... Selbst nach dem Sieg, dachte März, hat Deutschland einen Minderwertigkeitskomplex. Nichts stand für sich selbst. Alles mußte mit dem verglichen werden, was das Ausland hat" heißt es u.a., und der da so genau hinsieht und beobachtet, ist ein 35jähriger, in dunkelblauem Anzug, hellblauem Hemd und mit weinrotem Schlips und Einstecktuch schwer seriös und sympathisch daherkommender Mann, der sich mit seinem Buch jetzt fühlt „wie Frankenstein mit seinem Monster", für den es keine Trennung und keinen Bruch bedeutet, Historiker, Journalist und Schriftsteller zu sein, der höflich und charmant auch die dümmste Frage — „Wie kommt man auf diese Idee?“ — noch beantwortet, aber auch keinen Zweifel daran läßt, daß mit der Wiedervereinigung Hitlers Kriegsziele nachträglich erreicht sind und die Welt „mit einem deutschen Giganten in der Mitte“ nicht mehr dieselbe ist.

Ist das anti-deutsch? Ja. Denn in Deutschland darf man alles tun, wenn man dabei nur eine bedeutsame Miene aufsetzt: Ärmelschonerprosa schreiben, schwerblütig herumgründeln, sein und seines Vaterlandes bzw. Flaschenpfandes Wesen suchen, gleichermaßen langweilig wie tendenziell blutdürstig. Kommt aber jemand daher und wagt es, Stil und Substanz, Eleganz und Witz zu verbinden, dann steht er auf, der deutsche Spießer, beleidigt und griesgrämig, und singt seine Arie: „Geschmacklos ...zynisch ... antideutsch ... frivol“ usw, in einem Wort: verjüdelt.

Nicht einmal fünf Tage, nachdem ein kluger Brite sehr moderat seine Sorge über ein allzu großmächtiges Deutschland äußerte, wurde die faktische Abschaffung des Asylrechts in eben diesem Deutschland als Sieg der Vernunft gefeiert. Aber das ist natürlich eine ganz andere Geschichte.

Bücherherbst

Aaah... — was für eine Messe, was für ein Bücherherbst. Nicht ein Hauch von Krise bzw. Krisis wehte durch die Hallen, hoch ging es her. Kein Wunder beim diesjährigen Messethema: *Die Möse* stand im Mittelpunkt des literarischen Interesses.

Eugen Drewermann, der Vielschreiber aus Paderborn, ist zwar noch immer nicht aus der katholischen Kirche ausgetreten, hatte aber dafür seinen neusten Klopper im Gepäck: *Das Erste Buch Möse — Was sagt der Vatikan?* Das wollten natürlich auch *Uta Ranke-Heinemann* und *Luise Rinser* ganz genau wissen, die am Bastei-Lübbe-Stand gemeinsam mit Drewermann und *Siegfried Unseld*, dem offiziellen Maskottchen der Frankfurter Buchmesse, hitzig debattierten. Den geriatrischen Salon vervollständigte *Lotti Huber*, die bei Siedler den zweiten Teil ihrer Autobiographie veröffentlicht hat: *Möse wird poröse*. Hoffmann und Campe dagegen bietet biobliophile Neuausgaben diverser Klassiker an: *Die Mösen des Bösen* (Les meuzes du mal), *Auf der Suche nach der verlorenen Möse* (A la recherche du meuze perdu), *Wenn die Möse zweimal klingelt*, *Die Möse Jonathan*, *Mösen des Zorns*, *Möse auf dem Kilimandscharo*, *In einem Jahr mit 13 Mösen*. Fast ins selbe Fach schlägt *Mia Farrows* gemeinsam mit Co-Autor *Harald Wieser* geschriebener Skandalreport über ihr Leben mit *Woody Allen* und den Kindern: *Mach's nicht noch einmal, Sam!*

Aber auch abseits des diesjährigen Mainstream gab es Entdeckungen zu machen. *Michael Schirner*, Deutschlands redseligster Werbemann, hat Bilanz gezogen: *Meine schön-*

sten Kampagnen — Von Creme 21 bis zur taz. Spannend ist vor allem das Kapitel über die Rettung der Aldi-*Blauband*-Margarine, der Schirner mit dieser Hammerheadline ein neues Image verpaßte: *Hauptsache, das Brot ist fettig.* Newcomer der Saison ist *Björn Engholm*: Im Verlag Zweiter Bildungsweg ist sein erstes Lyrikbändchen unter dem Titel ... *und mir selbst ein Stück weit fremd* erschienen, gesponsert übrigens von IKEA. Das wirklich bahnbrechende und zukunftsweisende Ereignis dieses Bücherherbstes aber ist die Volksausgabe der Werke *Arno Schmidts* im Haffmans Verlag, der sich damit jedoch möglicherweise ein bißchen übernommen hat: *Zettels Traum* erscheint in einer achtseitigen Ausgabe. „Orthographie und Grammatik", so die Herausgeber Reemtsma und Wollschläger in ihrem Vorwort, „wurden heutigen Gepflogenheiten behutsam angepaßt."

Ballina Jroschenjrab

Kennen Sie einen echten Berliner? Einen richtigen Ur-, Bolle- und Schultheiß-Berliner? Einen unverfälschten „Und denn ha'ickse jesacht, ha'ickse jesacht, wa!"-Brüllo, der maulen, anschnauzen, nicht autofahren können, rempeln, öffentlich urinieren und aufs Trottoir rotzen für Zivilisation und sich selbst für den Gipfel der Schöpfung hält? Ja? Sie kennen so jemand? Sie sollten auf Ihren Umgang achten. Oder aber blitzschnell eine Filiale der *Berliner Sparkasse* entern — jenem Institut, das mit seiner Mischung aus unfreundlich-herablassendem Service und an Wegelagerei grenzenden Gebühren für diese Stadt wie geschaffen ist. Dort hält man das ideale Mitbringsel für Ihren Bekannten (oder vielleicht sogar für Sie selbst?) bereit: *Die Freiheitsglocke als Spardose*. In Weißporzellan. Für nur 25 deutsche Mark. Formschön. Stilecht. Und so praktisch: Ding-dong, ding-dong, ick bin een Ballina ... Na? Wie finnsen ditte (oder dette)? Knorke, wa? Hammwa uns jedacht.

Das schale Rot

Der Mann mit der fleischfarbenen Badekappe nimmt den Hut — das schrieb keine Zeitung zum Rücktritt Walter Mompers. Ach, wenn man nicht alles selber macht...

Dreizehn Jahre lang war Walter Momper Mieterberater in Kreuzberg, schaffte sich dann zum Reg. Bürg. von Berlin hoch, um am Ende die Seiten ganz und gar zu wechseln und in die Geschäftsleitung der Immobilienfirma Ellinghaus einzutreten. Daß sich sein neuer Job schlecht mit seinem anderen, dem als Vorsitzender der Berliner SPD, verträgt, wollte Momper nicht einsehen. Er wurde zurückgetreten und ist von nun an beleidigt und von der Politik enttäuscht.

Und wieso auch nicht? Mompers Vorgehen ist kein Einzel-, sondern der Regelfall. In seinen Kreisen, der Mischpoke aus Politik, Wirtschaft, Kultur und Medien, die hierzulande euphemistisch und großtuerisch „politische Klasse" sich nennt und genannt wird, ist es normal, seinen Standpunkt immer dort zu suchen, wo die nächsten TV-Kameras und/oder Geldtöpfe winken und blinken. Insofern unterscheidet sich Momper kein bißchen von z.B. Wolf Biermann oder Dieter Kürten, und auch Gert Ellinghaus, sein neuer Arbeitgeber, ist ein typischer Vertreter der Devise Abgreifen und Einsacken; bei der *Berliner Abendschau* verkörperte der Karrierist mit der Schnottenbremse die lukrative Berufsauffassung, Journalismus sei Serviceleistung im Dienste der Mächtigen, die als Gegenleistung für die Public-Relations-Stiefelleckerei auch den Wechsel in höher dotierte Sphären ermöglichen.

Bei Ellinghaus ist das Symptom Momper also bestens aufgehoben, wenn auch der Rücktrittsärger nicht ganz so „ein geiles Gefühl" sein dürfte, wie Momper es in der Silvesternacht 1989/90 auf der Berliner Mauer verspürte. Der Mann mit dem roten Schal war wie geschaffen dafür, sich den Triumph der Trostlosigkeit zueigen zu machen, ihn persönlich abzubilden und darzustellen und jedwede kritische Reflexion auf die Ereignisse mit dem Hinweis abzuwürgen, es handele sich nicht um einen hysterischen, sondern um einen „historischen Augenblick" der Geschichte, in dem eben keine Maßstäbe mehr Bestand haben als der der eigenen Wichtigkeit. Mompers Gerede von den Deutschen als „glücklichstes Volk der Welt" ließ bereits ahnen, was auf die zukommen würde, die dieses Glück nicht teilen wollten, weil ja ein „historisches Glück aller Deutschen" a) eine Entmündigung der einzelnen Angehörigen dieses Volkes und b) eine offene Drohung gegen alle anderen Völker darstellt: Wer auch nur ein Minimum an Vernunft, ein simples normales Führen der politischen Geschäfte einklagte, mußte sich den schönen Vorwurf der Miesmacherei, ja den der Volks- und Deutschenfeindlichkeit gefallen lassen.

Aber auch, wenn er nicht den brackigen „Atem der Geschichte“ verströmte, erwies sich Momper als der willfährige Vollstrecker wirtschaftlicher Interessen, der er als Immobilienhöker jetzt ganz offen ist. Wie auch z.B. für seinen Kollegen Stolpe ist für Momper die Mitgliedschaft in einer Partei ein bloßes Instrument, das zu nichts verpflichtet; zwar ging Momper eine Koalition mit der Alternativen Liste ebenso ein wie später die große mit deren Eltern von der CDU, die brutale Räumung der besetzten Häuser in der Mainzer Straße in Ostberlin aber war und ist für einen wie Momper kein Bruch, da er sich nicht als Funktions- und Mandatsträger begreift, sondern als Ich, Walter Momper, die ideelle Gesamtpersönlichkeit, in der sich alle Interessenkonflikte und Widersprüche harmonisch auflösen, indem sie geleugnet oder als „altes Denken“ denunziert werden.

Dergestalt entpolitisierte, postmoderne Figuren wie Walter Momper fanden sich bislang traditionell in der FDP, die ja auch die adäquate Partei ist für ein Land, in dem immer weniger Menschen nach dem aussehen, was sie arbeiten und immer mehr nach dem, was sie in ihrer Freizeit tun. Walter Momper mußte den Vorsitz der Berliner SPD abgeben, wie jeder Trinker in der Kneipe seine Zeche zu zahlen hat. Beides ist gut und richtig, aber für die Mehrheit der sog. „politischen Klasse“ eben alles andere als selbstverständlich. Die Idiotisierung, ja FDPisierung des Landes, für die Momper Indiz und Symptom zugleich ist, schreitet lustig voran.

Come together

Ein Kurzfilm

Schnatzis Tag in der New Yorker Agentur ist hart gewesen. Vom ständigen Kohlemachen ist sie ganz erschöpft. Jetzt will sie nur noch flink zum Flieger, rasch rüber nach Chicago, zum lustigen multikulturellen *Come together*-Frauenstammtisch. Beine hochlegen, italienische Küche, von Algeriern zubereitet und vom Chinamann serviert, während im Hintergrund eine brasilianische Kapelle deutsche Marschmusik spielt und der Oberkellner, ein äußerst geschickter Eskimo, sie cunnilingiert bzw. cunnilingussiert — aaah, was für ein Leben.

Endlich kommt das Taxi. „Ätzend, ein Rasta-Fahrer", flucht Schnatzi innerlich, zischt aber nur: „Flughafen. Hurtig im Galopp. Mir pressierts, Meister." — „Ach du Scheiße", rummelt es dem Chauffeur durchs Hirn, „ausgerechnet ne Schnepfenfuhre. Na — da nehmen wir mal den Umweg durchs Ghetto. Vielleicht werden wir ja überfallen, höhöhö", gluckst er bekifft in sich hinein. „Wo fährt das blöde Brikett jetzt lang?" fragt sich Schnatzi, gibt sich aber vorsichtshalber leutselig: „Rastamann schawwe Zaster an, hä?", und dann lacht sie schallend über diesen, wie sie findet, herrlichen alten Witz. Viel lieber würde sie es sich allerdings mit einem lässigen „Fahr zu, Bimbo!" oder „Bißchen flott jetzt, Treetskopf!" im Fond des Wagens bequem machen und den Schoko mit der Neunschwänzigen vermachen, wenn er nicht pariert und spurt. Und auch er würde die Fascho-Schickse von Herzen gern am entfernteren Ende der Welt aussetzen und sie ihrem sinnlosen Schicksal überlassen, aber dann lädt er sie doch pünktlich am Flughafen ab und sie rauchen noch eine zusammen, ne *Lucky*, die Zigarette davor, oder ne *Stuyvesant*, die Zigarette anstatt, harr harr Doppelharr ...

Der evangelische Pressedienst schreibt zurecht: „Wim Wenders ist mit *Come together* ein überzeugendes Plädoyer für mehr Menschlichkeit auch und gerade im Alltag gelungen. Am Tage wird gerafft, abends dann gepafft, heißt die sympathische Botschaft, und die unzähligen Sterne, die man am nächtlichen Horizont blinken sieht, sie sind eine Lichterkette der Hoffnung auf eine bessere, weil restlos deppert vor sich hindödelnde Welt.“

Und tschüß!

Für was steht eigentlich das „W." in Jürgen W. Möllemann? Für Windhund? Wirsing? Wanderpokal? Wandalismus? Wrisör? Man weiß es nicht, man steckt nicht drin. Immerhin aber sorgte der Streber aus Münster für eine leichte Versüßung des Jahreswechsels 92/93: Der mittlerweile gewesene Bundeswirtschaftsminister, an dem dereinst nichts zu autopsieren sein wird als Ellbogen, Schnäuzer und Gebiß, stolperte und fiel über eine ihm angemessene, weil ganz und gar abgeschmackte Affäre. Wie mies und schäbig das klang: „Vetternwirtschaft" mit einem veritablen Vetter, der dazu auch noch „angeheiratet" war. Herrlich! Gaunereien auf unterstem Niveau von einem, der immer nur oben, oben, oben sein wollte und an seiner eigenen Kleinkariertheit scheiterte, wofür er dann kübelweise Mißgunst und Gelächter erntete: ein Abtritt, wie ihn einer wie Möllemann verdient hat. Krönung der Angelegenheit aber war die schier endlose Repetition des Wortes „Karibikurlaub": Als hätten die Nachrichtenschreiber und -sprecher nicht genug davon bekommen können, „Karibikurlaub", immer wieder quoll es durch den Äther, „Karibikurlaub", ein ums andere Mal, „Karibikurlaub", der Traum der *Bacardi*-Sorte Mensch, „Karibikurlaub", ach, ich könnte es hundertmal hinschreiben, „Karibikurlaub", „Karibikurlaub", „Karibikurlaub", und man sah Möllemann schon im Lendenschurz über einen Sandstrand eiern und beim Werbespot der chronisch glücklichen Debilen mitmachen: „Living life the easy way, taking things the way they come ...", die fröhliche Bambusclique, duhn und butt von morgens bis abends, doch, das paßt zu einem, der einen Markstückersatz aus

Plastik für Einkaufswagen „pfiffig“ findet, einem — prima Vokabel — „Wunderheiler“ unter die Arme greift, dem nichts zu peinlich und alles egal ist, wenn er nur dabeisein und mitmachen kann.

Damit allerdings ist erstmal Schluß. Nicht, daß ich vor Mitleid mit Möllemann zerflösse, aber man macht sich ja so seine Gedanken: Was soll nun aus ihm werden? Muß er wieder Hauptschullehrer werden? Wohl kaum, und das ist auch besser so, zumal für die Schüler. Sie könnten nichts von ihm lernen, nicht einmal langweiligen Karrierismus und nicht einmal, wie man richtig betrügt. Sollte aber das Leben Saddam Husseins einmal verfilmt werden, Möllemann wird die Hauptrolle bekommen: Den Barbier von Bagdad — „Einmal Arsch lecken und rasieren, bitte!“ —, den hat er drauf.

Die Akte Friseur aber hat auch ihre Schattenseiten. Ist Uwe Barschel umsonst gestorben? Im Herbst 1987 hatte er einen konstruktiven Vorschlag zur Lösung politischer Ärgernisse gemacht, war quasi mit gutem Beispiel voran in die Wanne gegangen, und jetzt will seinesgleichen es ihm nicht gleichtun. Das ist nicht gut: Die Bande von Versagern, für die Möllemann ja nur ein etwas krasses Beispiel war, kommt zu leicht davon. Politiker geworden aus dem einen und einzigen Grund, weil man sonst auch nichts kann, haben sie sich zu einer Kaste von Zecken entwickelt, die nichts kennen als Pfründe schaffen und zulangen, aber nicht einmal über genügend Stil verfügen, dies auch in wenigstens akzeptablen Größenordnungen durchzuziehen, sondern, kleinlich, wie sie sind, sich mit Kleinkram und Kleingeld befassen, mitnehmen, was immer nur mitzunehmen ist, die, werden sie einmal erwischt, noch herumjammern, wie hart sie hätten arbeiten müssen, und die allen Ernstes glauben, ein kleiner Karriereknick sei Strafe genug. Nein, was aus so einem Amt fällt, das soll man noch treten, anstatt nur „Du Du Du“ und „Aber Aber“ zu sagen. Denn im Gegensatz zur derzeit geläufigen öffentlichen Meinung ist der Klassenhaß von unten nach oben nichts Schlechtes, und wenn Figuren wie Möllemann zu irgendetwas gut sind, dann dazu, den Haß auf sie und ihresgleichen anzustacheln und zu schüren.

Kaum war der korrupte Wirtschaftsminister abgehalftert, trat der nächste Peinsack auf und gleich wieder ab: Hansgeorg Bräutigam, Vorsitzender Richter im Prozeß gegen Honecker, scheiterte, Möllemann ganz ähnlich, an einer Lappalie, an einem Autogrammwunsch. Ich sehe ihn noch vor mir, den Zwangscharakter mit Fliege, wie er mich im Oktober 1988 erstinstanzlich wg. „Bundeswehrbeleidigung und Volksverhetzung“ zu 100 Tagessätzen verknackte, zack zack ging das, hopp hopp, ein indolenter Krämer, der sich selbst den Herrenmenschen vorspielte, und der das auch weiterhin tun darf und wird.

Seit es die RAF und ihre Anschläge so gut wie nicht mehr gibt, hat es die „politische Klasse“ richtig schwer: sich selbst überlassen, demontiert sie sich selbst, indem sie sich zeigt als das, was sie ist: Eine Ansammlung von Hanseln ohne Würde, ohne Geist, Güte und Geschmack.

Johnny Thunders u.a.

Samstag, 27.4.1991, Kollege Willen ruft an, ob ich schon gehört hätte, Johnny Thunders ist tot, ich sage nee, hätt' ich noch nicht. Mir fällt das 88er Konzert im Berliner Loft ein, Thunders völlig fertig, kann kaum stehen vor heroinbedingter Abgewracktheit, neben mir zwei auf Hardcore getrimmte Fischgesichter, *„Mann ey, vielleicht kratzt er heute ab, ey"*, oh ja, und dann wären sie *live* dabeigewesen und könnten ihrer miesen Existenz einen Schuß Maggi-Würze geben; dieselbe Sorte trieb es im selben Jahr in die Konzerte von Chet Baker im Quasimodo, Jazzfettsäcke, die darauf warteten, daß der ausgemergelte Mann vor ihren Augen authentisch und dekorativ zusammenbräche; dasselbe, ebenfalls 1988, bei den Geburtstagsauftritten von Wolfgang Neuss in der UFA-Fabrik, ausverkauft, Gerangel und Gemotze an der Kasse, *„ach Scheiße, der krepiert eh bald, dann kann ich's mir auf Video ankucken"*, und er krepierte dann ja auch termingerecht für den Videoten nur ein halbes Jahr später; und noch mal, im selben Jahr 1988 in derselben UFA-Fabrik, ein Auftritt der Drei Tornados, 45° Celsius auf der Bühne, Tornado Klotzbach kippt um, Herzinfarkt, wird hinter die Bühne geschleppt, in die Garderobe, ein Arzt aus dem Publikum behandelt ihn notdürftig, und nur knapp zehn Minuten später Geklopfe an der Garderobentür, tja äh,was denn jetzt wäre, drucks, aber es wäre doch erst eine halbe Stunde gewesen, und wie das denn jetzt aussehen würde mit dem Eintrittspreis... — all das von Menschen, die sich als links, underground und sonstwie prima begreifen und immer bereit sind, für die gute Sache ihre Unterschrift zu geben.

Johnny Thunders hat den Voyeuren ein Schnippchen geschlagen und ist, wie vor ihm Chet Baker und Wolfgang Neuss, standesgemäß allein abgetreten. Holger Klotzbach ist wieder sehr lebendig, da haben die Aasfresser Pech gehabt, aber Nikki Sudden soll es sehr schlecht gehen.

Und die, denen einer fehlt, weil Johnny Thunders nicht mehr da ist, setzen sich in eine Ecke, legen „Checkin out in your last Hotel“ von Herman Brood oder „So alone“ von Thunders auf und sind dann: allein. Und traurig. Und halten den Rand.

Fisch Fasch

Der aktuelle Konsumtip

So richtig was Feines sind die *Party Möpse* der Fa. *Friesenkrone* in D-2222 Marne. „Fischfeinkost zum Vernaschen“ heißen die „aus Heringsfiletstücken geformten und gebratenen“ Kameraden im Untertitel, und nicht nur der routinierte Katerfrühstücker, sondern auch der abstinente Feinspitz hat an ihnen viel Freude. Ca. elf Brätlinge tummeln sich pro Glas im Marinadenbad, fest im Biß, lecker sauer und selbst nach hastigem Genuß — gieriges morgendliches Hinabschlingen — sodbrennungsarm.

Ohne Mühe schlagen die *Party Möpse* jede mir bekannte Konkurrenz aus dem Regal; geradezu erregend aber kommt die Verpackung daher: ein gleichsam popig-bunter, top-moderner Auftritt, der sich, schwarz-rot-golden gerahmt, voll auf der Höhe der Zeit weiß und den Ansprüchen junger wie alter deutscher Fischfreunde Genüge tut.

Moabit, die zweite

„Berlin. Ein bewaffnetes Kommando der RAF hat am heutigen Vormittag den Gefangenen Erich Honecker aus der Haftanstalt in Moabit befreit. Der ehemalige Staatsratsvorsitzende der DDR wurde von den Terroristen in einem Helikopter zum Flughafen Tempelhof gebracht und von dort nach Nordkorea ausgeflogen. Vertreter aller Parteien sprachen von einem ‚feigen und hinterhältigen Anschlag auf unseren Rechtsstaat, unsere Demokratie und uns alle'. Bundesaußenminister Kinkel und Bundesverteidigungsminister Rühe kündigten an, alle juristischen und militärischen Mittel voll auszuschöpfen, um Honecker zurückzuholen..."

Nein, diese Meldung ist nicht über die Ticker gelaufen, und das ist schade. Zu gerne hätte man die langen, ins hilflos-dümmliche sich verjüngenden Gesichter der Top-Deutschen aus Wirtschaft und Politik gesehen, zu gerne das Gestammel ihrer Journalisten gehört. Wie hätte sich das Dreigroschenmädchen Sabine Christiansen aus der Affäre gezogen, wie ihr Kollege, der savoir-vivre-Darsteller U. Wickert? Was hätten die erfolgreich von der K-Gruppe zur Nation konvertierten Freiheitskämpfer von der „taz", die Honecker mit einem Haß bedenken, den sie für keinen Nazi haben, in dem ihnen eigenen falschen Deutsch zu Papier gebracht? Und wie erfreulich ist erst die Vorstellung einer Pressekonferenz Honeckers, mit der er sich einem Deutschland, das ihn zum zweiten Mal für seine politische Gesinnung einsperrte, für immer entzogen hätte: Noch einmal das dürre Lächeln aufsetzen, das Fäustchen, in das er sich lacht, ballen, noch einmal laut und vernehmlich „Faschiiiismus“ sagen und dann in seiner unnachahmlichen Art noch einmal winken. Und tschüß...

Auf diese Weise aber kriegte Deutschland nicht die verdiente lange Nase gedreht. Die Rote Armee Fraktion ist von ihren Ansprüchen wie ihren Möglichkeiten zur Bürgerinitiative RAF e.V. herabgesunken, und Humorsoldaten, die mit einer Befreiung Honeckers ihre Nachfolge anträten, sind nicht in Sicht. Und so mußte Erich Honecker zum zweiten Mal im Leben in Moabit brummen. Dort wurde weniger er als vielmehr die Existenz der DDR vor Gericht gestellt; es ging um die nachträgliche und endgültige Liquidierung von 40 Jahren Sozialismus in der Person Honeckers, um die juristische Beerdigung jener nicht kapitalismuskonformen und -kompatiblen Zukunftsoption: Nie wieder soll von deutschem Boden etwas anderes ausgehen als Rechtsstaat, Demokratie und Marktwirtschaft, als die Beherrschung der Restwelt mit ökonomischen, also allen Mitteln.

Das Gute an der DDR war, daß es sie gab — als Dämpfer, als Einschüchterung für alle, denen eben nur durch permanentes Dämpfen und Einschüchtern ein Mindestmaß an Zivilisiertheit abzutrotzen ist; wie feist sie durch die Welt trampeln, wenn keine Bedrohung von innen oder außen sie daran hindert, darf man sich gerade anschauen: Nach innen wird das Land auf Vordermann, auf harten völkischen Kurs gebracht, wird die Heimatfront errichtet, und demnächst wird von Deutschen auf Angehörige anderer Nationen geschossen werden, im Namen des westlichen Werte- bzw. *Quelle*-Katalogs zunächst, und etwas später dann — endlich, endlich! — im Namen des freien und befreiten Deutschlands.

Dies ist der Hintergrund, vor dem Erich Honecker angeklagt war; er wurde ja nicht beschuldigt, mit seinem Cordhütchensozialismus eine historische Chance vergeigt, sondern sie überhaupt ergriffen zu haben. In all der großdeutschen Infamie aber gab es einen — wenn auch nur geringen — Trost: Die Siegermacht hatte an ihrem Kriegsgefangenen wenig Freude; ihr Muffensausen war deutlich zu vernehmen. Denn der Schauprozeß gegen Honecker entbehrte so offensichtlich jeder rechtlichen Grundlage, daß die Naivlinge im Lande, die mindestens einmal täglich ihr Credo von „Demokratie und Rechtsstaatlichkeit" litanieren, zumindest begreifen mußten, wo sie leben: in einem nach innen wie nach außen aggressiven Vorkriegsdeutschland, gegen das die Gründung sog. „Gerechtigkeitskomitees" ein ähnlich probates Mittel ist wie Sackhüpfen.

Keine Macht den Drögen!

Man muß sie nur einmal ansehen, die „Keine Macht den Drogen!"-Models: Berufslächler wie Jürgen Klinsmann, Landsertypen wie Lothar Matthäus, arme Schweine wie Steffi Graf, Dumm-macht-Sport-Figuren, gedopt und mit Medikamenten bis in die Haarspitzen voll; Jungpolizysten, die an der IQ-Minimalgrenze entlangschrappen; CSU-Heinis, chronisch im Dschum und dann bevorzugt mit dem Automobil unterwegs, damit eine kleine Todesfolge (für jemand anderes, natürlich) nicht unterbleibt, und alle gemeinsam mahnen und warnen und nölen und grölen sie dann, weil Denken ihre ganz starke Seite ist: Wer Haschisch spritzt, der raucht auch Heroin! Und nicken wichtig mit der Rübe und merken nichts, vor allem nicht, daß ihnen eh niemand zuhört, Millionen Kiffer im Lande nicht und auch sonst keiner, weil man seine Lebenszeit nicht mit Leuten verschwenden mag, die sich permanent als Lebensschützer aufspielen und so sichtlich alles hassen, was lebt und sich bewegt.

„Wenn Richter Selbstverständlichkeiten in Frage stellen, droht sich der Rechtsstaat ad absurdum zu führen", kommentierte Ede Stoiber von der bayerischen Trinker- und Todesstrafepartei den Vorstoß des Lübecker Richters Nescovic zur Legalisierung von Cannabis und hat beinahe recht: Ja, wenn selbst ein Richter Allgemeinplätze bezweifelt und eigenständig zu denken beginnt, dann entfernt er sich tatsächlich von landesüblichen Gepflogenheiten. Dabei ist die Debatte de facto längst entschieden: Durchgezogen wird an jeder Ecke, die Einstiegsdrogentheorie ist, außer bei den ganzganz Dummen, längst vom Tisch, ob legal oder illegal gekifft wird, ist den Kiffern längst so gut wie scheißegal, sie tun es so oder so.

Und nicht einmal Angehörige und Freunde von toten Junkies, sonst die allerletzte Talkshow-Waffe im Anti-Hanf-Kampf, lassen sich mehr willig zu Instrumenten einer falschen Drogenpolitik machen, die, weil sie keine Argumente hat, auf nichts setzen kann als auf Ressentiments, Uninformiertheit und die daraus resultierende *Betroffenheit*.

Wer einem allen Ernstes ein drogen- und rauschfreies Leben andienen möchte, ist entweder sehr schlicht, Christ oder lügt; daß die Trinkerfraktion im Lande aus Angst vor

Illegalisierung ihrer Droge andere kriminalisiert, ist der dumpfe Reflex von Abhängigen, die sich ihre Ration sichern wollen und dabei das Rauschrecht anderer verletzen, das da heißt, daß jeder nach seiner Fasson high werden möge. Ob er dazu 100 Kilometer läuft, damit körpereigene Opiate ausgeschüttet werden, ein paar Schachteln Pils oder diverse Kannen Sekt in sich hineinpüttchert oder eben den einen oder anderen Joint schmaucht, ist in erster Linie eine Frage des persönlichen Stils und Geschmacks; daß aber gerade die Alkoholikermajorität futterneidisch jede andere Droge neben König Alkohol wegzubeißen versucht, ist unverschämt: Trinken ist eine feine Sache, wenn sie zum zufriedenen Betrunkensein führt, aber gerade der Trinker fällt im Gegensatz zum Kiffer immer wieder unangenehm auf, benimmt sich schlecht, schlägt Frau, Kind, Hund, und das ist nicht gut. Die Süchtigen aller Fraktionen solle sich vertragen, Politiker sollten sich, wenn überhaupt, statt zu ihrer uninteressanten Homosexualität zu den von ihnen bevorzugten Drogen bekennen, und wer meint, daß eindrogenfreies Leben ein Garant für einen klaren Kopf sei, er soll in diesem Wahn leben und andere damit zufrieden lassen, anstatt ihnen weiszumachen, ein rauschfreies Leben sei nicht nur möglich, sondern auch noch erstrebenswert.

Wie sagte Herr Morgenstern so richtig: Laß die Moleküle rasen — heilig halte die Ekstasen!

Zugbegleiter

„... weitere Anschlüße entnehmen Sie bitte dem ausliegenden Faltblatt ‚Ihr Zugbegleiter' ...“

Meine Zugbegleiter im dahinkriechenden IC Berlin-Bielefeld waren:

1. zwei massige, durchgeschwitzte, ausgeleierte Männer um die 50, von weißem Oberhemd und leicht gelockerter Krawatte notdürftig, sehr sehr notdürftig zusammengehalten, Gesprächsthema: die katastrophale Verwaltungssituation in den Fünf Neuen Ländern, abgekürzt FNL, was aus ihrem Munde sehr bizarr nach El Nicaragua, Solidaritätsdisco usw. klang;

2. eine gefärbte Blonde etwa im selben Alter, Kleider, Make-up und Lackierung ein Ensemble in rosé, ihr Sujet: Also früher schmeckte das *Radeberger* aber doch besser;

3. ein grau und ausgemergelt, streng sprittig wirkender Mann ebenfalls um die 50, Bürstenhaarschnitt, randlose Brille, Siegelring, fünf bis sechs *Roth-Händle* pro Stunde, untertassengroße, gut durchblutete Ohrwascheln, Lektüre: ein gelbes Buch mit dem Titel „Das tschechoslowakische Recht und die ausländischen Firmen“, Gesprächsthema: keins, er blieb angenehm stumm bis auf ein häufiges, tiefes, angestrengtes, kratzig-schmaddriges Abhusten, das nahelegte, der Mann werde schon bald aus der Gemeinschaft der *AOK*-Aktiven als „überraucht“ ausgemustert werden.

Na und? fragen Sie jetzt, und wo bitteschön bleibt die Pointe? Ich aber gebe zurück: Bei *der* Konstellation erwarten Sie eine Pointe? Kein simples Neben-, sondern ein Durch-, Gegen-, ja evtl. sogar Miteinander? *Kommunikation?* Ha, Sie sind ja drollig. Nichts da! Ernst und fest lege ich die Hand aufs Herz und sage Ihnen dieses: Es gibt keine Kommunikation. Es gibt nur Millionen Stimmen, die ständig reden reden reden, und die niemals aufeinander hören.

Ein bißchen Unfrieden

Sehr frei nach Nicole

„Schöne Welt, prima Welt, wenn sie — krack! — zusammenfällt", daddelte ich gerade vor mich hin, nicht von apokalyptischem Schrecken geplagt, sondern guter Dinge. Denn in diesem Land bricht zusammen, was nicht zusammengehört, und das ist gut so — wenn einen auch, ohne sozialen Kitsch, das heulende Elend und der wilde Zorn packt beim Gedanken an die, die eiskalt abserviert werden, „abgewickelt"; aus, vorbei, finito, ein Tritt in den Leib und ab dafür, Menschen, die tatsächlich betrogen sind um ihr Leben, ihre Biographie, ihre Existenz. Ich rede hier nicht von den 20-30jährigen Halbalphabeten, die, ohne irgendetwas zu merken dabei, „40 Jahre belogen und betrogen!" grölen, sondern von den Tragödien der Leute, die ihr Leben als „Dienst an der guten Sache" mißverstanden und dafür jetzt in den Abfall gegeben werden und die, ich werde es nie begreifen, sich dagegen noch nicht einmal wehren, nicht organisiert, nicht individuell-chaotisch, die nicht einmal einen Stein in die Hand nehmen (geschweige denn eine Knarre), die offensichtlich nicht den Impuls verspüren, ihren Peinigern wenigstens ein bißchen von der zugefügten Qual zurückzugeben, die sich das Allerschlimmste gefallen lassen: sich von denen, die einem den Hahn abdrehen, noch bemitleiden, vertrösten oder verspotten lassen. Die von denen, die sie behandeln wie ein Neutrum, ein Ding, eine Sache, die ihnen den sozialen Krieg erklären, auch noch Besserung ihrer Lage erwarten statt, als letzte verbliebene Würde, die Kriegserklärung als solche zu begreifen und anzunehmen: Also gut, Ihr habt angefangen, nun wird mit gleicher Münze zurückgezahlt, und keine Erniedrigung, keine Stigmatisierung, kein Hohn, kein Gestoßen- und Getretenwerden bleibt ungesühnt. Nein, mit ein paar Eiern auf den Kanzler geht es diesmal nicht ab, Schluß mit lustig, genauso erbarmungslos, wie der Krieg gegen gut ein Drittel der Bevölkerung geführt wird, genauso wird retourniert, Auto um Auto, Jägerzaun um Jägerzaun. Und wenn es dann brennt im Land, dann wird sich zusätzlich, als Mitgift quasi, ein grimmiger Spaß einstellen, weil man sich einfach besser fühlt, wenn man denen, die einen, wie immer begleitet von sozialdemokratischen, grünen oder sonstwie christlichen Verständigungsarien, lebendig begraben, die Quittung gibt, damit sie wenigstens Angst haben müssen für das, was sie einem tun; Angst um ihr blödes Eigentum und Angst um ihr blödes Leben.

Ja, wenn es auch manchem bitter reingeht, daß jetzt zusammenbricht, was nicht zusammengehört, so ist es eben doch gut; denn wenn sich dieses monströse und namenlos selbstbezogene Deutschland nicht in dem sozialen Abgrund, den es produziert und den es seinem menschlichen Ausschuß zugedacht hat, selbst verschluckt, dann wird es gigantomanisch, unersättlich gefräßig. Es wird Europa heißen, zunächst, mit militärisch befestigten Grenzen, an denen schon bald täglich mehr geschossen werden wird als in knapp drei Jahrzehnten am deutsch-deutschen Schutzwall, das Asylrecht wird vollends gebrochen werden, Deutschland wird keine politischen Flüchtlinge mehr aufnehmen, sondern wieder selbst politische Flüchtlinge produzieren, und, weil es niemand mehr gibt, der es verhindern könnte, wird es — Happs! — den verachteten Rest der Welt schlucken.

Ein kleiner Bürgerkrieg in Deutschland — es darf auch ein größerer sein — schlüge also zwei Fliegen mit einer Klappe: Die, die man zum Vegetieren (oder am besten gleich Sterben) abgeurteilt hat, eroberten sich ein Stück sog. *Lebensqualität*, ja *Lebensfreude* zurück, und das ewige Gezeter von der „nationalen Identität", das chronische Gesuche nach der Blauen Blume, das per definitionem nirgends hinführen kann als nach Verdun, nach Stalingrad, nach Auschwitz, würde einmal nicht auf den Knochen anderer ausgetragen. Da die Mehrheit der Deutschen nachweislich nicht von der Zwangs- und Wahnvorstellung deutscher Wichtigkeit und Größe — heute: „zentrale Bedeutung" — ablassen wird, man sie ohnehin nur mit Zwang, mit Gewalt also, im Zaume halten kann, ist es erquicklicher, wenn sich die von Deutschen und von Deutschland ausgehende Gewalt ausschließlich gegen Deutsche und gegen Deutschland richtet: Sollen sie sich halt gegenseitig umbringen und den Rest der Welt in Frieden lassen. Denn die Hoffnung, daß sie auf das Umbringen ganz verzichten wollten oder könnten, ist eine fromme, die sich nicht erfüllen wird.

Durch die Zone

Eine Reiseerzählung

Meine jüngste Reise in die östlichen Provinzen des großdeutschen Reiches trat ich nicht ohne sorgfältigste Vorbereitungen an, denn die dritte Inspektion der Zone innerhalb von nur sechs Monaten war eine Lese- und somit quasi eine Dienstreise: Eine Woche lang würde ich als Schlachtenbummler unterwegs sein zwischen Plauen/Vogtland, Jena, Chemnitz (früher: Karl-Marx-Stadt, noch früher: Chemnitz), Halle/Saale, Rostock und Brandenburg. Zudem sollte die Angelegenheit in der dunkelsten Jahreszeit stattfinden, Mitte Dezember 1992, und die Schreckensmeldungen aus dem Osten rissen nicht ab: Die Nazis, ein besonders primitiver und zahlreicher deutscher Stamm, hätten das Kriegsbeil ausgegraben; Ziel dieser Burschen, die für ihre Grausamkeit beinahe so berüchtigt sind wie für die ihnen innewohnende Feigheit, sind stets Wehrlose. So beschloß ich, diese Unternehmung nicht ohne Begleitung durchzuführen, und bat meinen treuen Freund und Kollegen Michael Stein, mit mir zu kommen, und dieser ebenso verläßliche wie tapfere Mann sagte auch ohne Zögern zu.

Am Morgen der Abreise trafen wir uns auf dem Berliner Hauptbahnhof, und Freund Stein lieferte gleich einen untrüglichen Beweis seiner Unverzichtbarkeit: Kaum saßen wir im Abteil, kramte er in einer seiner geräumigen Reisetaschen und förderte einen etwa halbmeterlangen schwarzen, sehr stabilen Knüttel zu Tage, den er mir zum Geschenk machte; sich selbst hatte er mit einer Gaspistole ausgerüstet.

In Leipzig, wo wir Richtung Vogtland umzusteigen hatten, nutzten wir den anderthalbstündigen Aufenthalt zum neugierigen, ziellosen Herumstreunen und stellten bald fest, daß auch diese Stadt, wie überhaupt alle Ortschaften in der Zone, mit einem dichten Netz von Imbißbuden überzogen ist; es stellt sich sogar die Frage, ob die sog. *Revolution*, die dort gut drei Jahre zuvor stattfand, nicht vor allem vom festen und unverbrüchlichen Willen des Zonenbewohners motiviert war, immer mehr und immer übelriechendere Imbißbuden auf sich und seine Umgebung zu häufen.

Rein zufällig gelangten wir auch zum Büro der Leipziger PDS, das wir mit einem neckischen Bild geschmückt fanden: ein lächelndes Gesicht, in dem Sichel und Hammer Mund und Zunge darstellten, und wir begriffen, was die oft geraunte Formel *Opportunismus mit menschlichem Antlitz* bedeutet.

Die restliche Fahrtzeit vertrieben wir uns mit Lektüre; Michael blätterte, zur Einstimmung gewissermaßen, in der *Jungen Freiheit*, ich las in irgendeinem Tagblatt ein Interview mit Pavel Kohout: „Ich regne, schneie, vereise“, behauptete der Mann u.a. von sich. Vereisen? Nicht doch eher verreisen? Wie macht er das nur? Das geht ja auf keine Kohout! — so etwa schmurgelte es in meinem Kopfe herum, und bevor noch Wüsteres geschah, trafen wir endlich in Plauen, Oberer Bahnhof, ein.

Steini und ich taten unsere Arbeit, verkündeten Klatsch, Komödie und Klassenkampf, wurden freundlich bewirtet und zum Schlafen in ein Dorf 17 Kilometer außerhalb der Stadt verklappt.

Anderntags kutschierten uns unsere Gastgeber in ihrem *Wartburg* zum Plauener Bahnhof zurück; auf der Straße kam uns ein nagelneuer *Opel Vectra* mit Plauener Kennzeichen entgegen. Der Fahrer wich weder aus, noch senkte er seine Geschwindigkeit, und obwohl unsere hervorragende Chauffeurin ihren Wagen geistesgegenwärtig zwischen zwei Bäume lenkte, fuhr ihr der Fahrer des *Vectra* — splitter! knirsch! — den linken Außenspiegel ab.

Natürlich hielt der Lump nicht einmal an, sondern setzte mit unvermindert überhöhter Geschwindigkeit seine Fahrt und sein sinnloses Leben fort. Ich aber hatte mir das Kennzeichen gemerkt und wußte, was ich noch am selben Tag mit ihm tun würde: ihn aufsuchen, am Kragen packen, auf seine gestammelten Entschuldigungen nur die Hand hinters Ohr legen, „Wie bitte? Was sagst du? Ich kann dich nicht hören!" entgegnen und ihn anschließend zwingen, eigenhändig mit einem spitzen, scharfen Gegenstand *Peter's neues Westauto* in den Lack zu kratzen, immer wieder, in Motorhaube, Türen, das Dach, ja in den Spoiler noch: *Peter's neues Westauto*, natürlich mit falschem Apostroph, das wäre Gerechtigkeit, aaah ...

Der Fahrer des Plauener *Opel Vectra* war gedemütigt: Er hatte den Lack seines Wagens ruinieren müssen, und das ist für diese Sorte Mensch schlimmer, als sich selbst Hand, Fuß oder Kopf amputieren zu müssen. Zusammengesunken und zerknirscht saß der Schurke auf einem Stuhl, sorgfältig versahen mein Begleiter Stein und ich seine Ohr- und Nasenlöcher mit Möhrchen und eingelegten Cornichons, zogen ihm die Hosen herunter, und als wir ihn fröhlich winkend verließen, da zierte ein kleines Silberzwiebelchen seinen After.

Bis zur Abfahrt des Zuges nach Jena verblieben uns noch einige Stunden, und so ließen wir uns von unseren Gastgebern in einige Geheimnisse Plauens einweihen. Bereits anderthalb Jahre zuvor war hier die erste *McDonald's*-Filiale in der Zone eröffnet worden. Die Bevölkerung hatte die Erzeugnisse der kulinarischen Abfall-Firma äußerst wohlwollend, wenn nicht sogar entzückt aufgenommen, so daß es in den ersten Wochen nach der Eröffnung zu unschönen, ja peinlichen Szenen gekommen war: Um dem vieltausendfachen Wunsch nach hamsterartigen Massenankäufen das Wasser abzugraben, beschloß die Geschäftsleitung eine strenge Rationierung und Kontingentierung. Pro Person durften nicht mehr als zehn Produkte abgegeben werden. Das aber erinnerte die aufgebrachten Bürger fatal an die dunkelsten bzw. dunkel an die fatalsten Kapitel ihrer Geschichte, nämlich an das Gefühl der Impotenz, sich auch mit vollem Portemonnaie nichts kaufen zu können; *Zorn*, ja *Wut und Trauer* bewegte die Bürger Plauens, und fast wäre es zu einer erneuten, diesmal aber unfriedlichen *Revolution* gekommen.

Diese Ereignisse aber lagen lange zurück und Plauen war jetzt befriedet; obwohl, dies war überall zu vernehmen, die Erbitterung über die *Bundis*, die Westler also, anschwoll. (*Wessi* ist, nebenbei bemerkt, ein *Wessi*-Wort, und *Bundi* ja auch viel schöner: Als Bundi durch Burundi, so fremd etwa kommt man sich vor, wenn man die Zone bereist, Lichtjahre von zuhause und der Zivilisation entfernt bzw. alles, was man hier an Bekanntem antrifft, ist das, was man im Westen aus vollem Herzen haßt.) Die Bundis jedenfalls, so war zu vernehmen, seien eine Plage und eine Pest; der ganze menschliche Westschrott und -müll, der Ausschuß, den drüben keiner mehr haben wollte, werde rückhaltlos in den Osten abgekippt: Polizeipräsidenten, Professoren, Politiker, Journalisten usw., ein Faktum, das im Laufe unserer Zonenreise immer wieder bestätigt werden sollte.

Nun endlich ruckelte, zuckelte, schlingerte und schlumbumberte der Zug nach Jena los, in einem diesem Landstrich und seinen Bewohnern sehr entsprechenden, zähen und tranigen Tempo. In Greiz stieg Michael Rudolf zu uns ins Abteil, ein rühriger Mann, der gemeinsam mit einem Kompagnon den *Verlag Weißer Stein* betreibt und trotz seiner relativen Jugend bereits auf eine bewegte DDR-Vergangenheit zurückblicken kann: chronischer Renitenzler, abgebrochener Jurist, „High-Tech-Killer“, wie er es nennt, bei der *Nationalen Volksarmee*, Brauingenieur (im Fachjargon *Gärungstechnologe*) und seit 1991 Autor von komischen Heimatgeschichten, deren Veröffentlichung ihm viel Scherereien eingebracht hat.

Das verwundert nicht weiter, ist doch Greiz eine Art Zentrale des Bürgerrechtlertums. Einen Bürgerrechtler (Ost) erkennt man an zweierlei: an einem mindestens knöchellangen Fusselbart, der bei festlichen Anlässen als eine Art Dutt auf dem oft schütteren Kopfe hochgesteckt werden kann, und an der protestantischen Abwesenheit von Humor, Charme und Leichtigkeit; bräsige, fundamentalistische Gesellen sind's, und daß ausgerechnet diese Versammlung von *Hardcore*-Presbytern immerhin Anteil am Sturz der DDR hatte, spricht nicht eben für die DDR.

In der *Thüringen-Post* las ich ein Gedicht des Greizer Lyrikers Günter Ullmann, der sich nach dem Motto *Paranoia — was ist das eigentlich?* sämtliche Zähne ziehen ließ, weil er überzeugt war, seine Gebißplomben seien von der *Schdohsi! Schdohsi!* verwanzt worden; seiner Lyrik zumindest hat auch das nicht geholfen: „*Greiz 1992 / krawatten-*

teutsche / honigärsche / bethronen die / unregierbar / arbeitslosen / müllhalden / eines großstadtüberbrückten / vergilbten / Perlenlichts.“

Jena war die nächste Station auf unserer Reise durch ein zerschmettertes Land. Auch hier wateten wir durch Agonie und Trübnis. Die übel und ungesund riechende Stadt fanden wir vollgestopft mit im Stau stehenden Automobilen, in denen jeweils eine einzelne, vergnatzt dreinblickende, ja unfroh stierende Person hockte, wie zum tausendfachen Beweise, daß man auch als Autist prima durchs Leben kommt; wie im Restvaterland konnte man sich auch in Jena des Eindrucks nicht erwehren, die Population hätte sich komplett damit abgefunden, ihr Leben Tag für Tag in kleine Schachteln gestopft zu verbringen, Wohnschachtel, Fahrschachtel, Arbeitsschachtel, Abtrinkschachtel usw., ertrüge das mit einem Maximum an schlechter Laune und Unerleuchtetheit, und als rege sich Protest allenfalls dann, wenn ihr eine der Schachteln plötzlich entzogen würde. Schön ist der wechselseitige Respekt unter Mitmenschen — aber ist der gratis zu haben, eine Selbstverständlichkeit quasi? Kann man ihn empfinden gegenüber Leuten, die so ganz und gar ohne Stolz auskommen? Die sich, so scheint's, alles gefallen lassen, eine dreiste und feiste Annexion, das In-Klumpschlagen-Lassen ihrer Existenz ebenso wie die anschließende Behauptung der westdeutschen Besatzer, der von ihnen soeben hergestellte Zustand des Landes sei *das Erbe des Sozialismus* inklusive der Top-These, deutsche Neonazis seien ausschließlich ein DDR-Produkt? Kann man Gleicher sein unter Gleichen unter Menschen, die mit Ichstärke Null durchs Leben dümpeln und immer nur sagen: „Das haben wir so nicht gewollt“?

Entsprechend groß war der Wunsch, von Jena aus wenigstens per Telefon mit jemand immerhin Menschenähnlichem zu sprechen. Dies gestaltete sich als schwierig; in der Post hingen die Ortsnetzkennzahlen von 1988 an der Wand, und gleich daneben die Ankündigung für ein *„DADAistisches Krippenspiel — Uraufführung — einmaliger Auftritt der Gruppe -ismus“*. Wollte ich das alles wissen und sehen? — Lieber schlenderte ich durch die Stadt, erwarb einen großen Vorrat an Postkarten — die DDR-Modelle sind unschlagbar in Design und Preis — und registrierte, daß sich die männliche Jugend der Stadt nahezu komplett auf englischen *Doc Martens*-Halbschuhen fortbewegte und dabei unisono das Modell zwischen Brot, Boot und Gurke bevorzugte, vorne hochgebogen und mit den bei Keilereien für Schienbein und Gemächt des Gegners so überaus unangenehmen Stahlkappen.

Den späteren Abend verbrachten Kollege Stein und ich gemeinsam mit den *Titanic*-Zeichnern Achim Greser und Heribert Lenz und einem Trupp weiterer, hauptsächlich westlicher Kulturschaffender in der Kantine des Jenaer Theaters, wo man, mit einem Hauch von Illegalität und Konspiration, bis morgens um fünf freundlichst bewirtet wurde; mit Gesang, freier Rede und einem verzeihlichen Verstoß gegen das Betäubungsmittelgesetz (grüner Marokkaner) bescherten wir uns eine erfreuliche Nacht, Exilanten auf Zeit bzw. auf Probe sozusagen; schön *trinken* aber mochten wir uns die Zone im allgemeinen und Jena im speziellen nicht, das hätte uns, materiell wie ideell, zuviel gekostet.

Anderntags stahlen wir uns aus der Stadt wie Diebe in der Nacht; da unser Hotelzimmer an Schmuddeligkeit nichts zu wünschen übrig gelassen hatte, verließen wir den Gasthof, ohne zu zahlen und machten uns auf den Weg nach Chemnitz.

Zweieinhalb Stunden braucht der sog. *Interregio* für eine Strecke von ca. 80 Kilometern; wer es eilig hat, geht besser zu Fuß. Der Zugreisende aber, der wg. des hohen Komforts ja zuschlagspflichtig gemacht wird, darf feststellen, daß er im *IR* weder einen Saft kaufen („Mitropa nur bis Erfurt!") noch, wie versprochen, telefonieren kann: Das gute alte DDR-„Hammwanich!", hier war es wieder. Und war das nicht überhaupt der Osten, diese unkomfortable Zähigkeit? Oder handelte es sich vielmehr um den Masterplan West, die Bewohner der Zone durch Beibehaltung solcher Traditionen dafür abzustrafen, daß sie 40 Jahre lang Sozialismus gespielt hatten, statt 40 Jahre Demokratie zu simulieren, wie sich das gehört?

Chemnitz, so erfuhren wir in Chemnitz, heißt in Chemnitz für die meisten immer noch Karl Marx-Stadt; weniger wg. Marx — der interessiert außer Bürgerrechtlern, dieser Kreuzung aus Christus und Kopfjäger, niemand —, als aus einem allgemeinen Anti-West-Trotz heraus. Nur wenige Minuten vom Bahnhof entfernt fanden Stein und ich unseren Auftrittsort, das *Lesecafé ex libris*, das sich im 1. Stock des *1. Chemnitzer Kabaretts*, vormals *Lachkartenstanzer*, befindet. *Lachkartenstanzer!* Ja, das ist Satire! Satire wie bei Muttern: *stachelig,* hehe, *bissig,* hoho, und *scharf,* hähä! Wie die *Reizzwecken* oder die *Distel*. Oha, ist dieses kabarettistisch verseucht! Schön wäre es, könnte man alle Kabarettisten zwingen, unter dem Namen *Die*

Frustaushuster aufzutreten; aus Königs Wusterhausen zu stammen, müßten sie auch noch behaupten, und ihr Programm trüge den immer gleichen Titel *Grün ist die erste Reihe.*

Nach getanem Lesewerk wurden Steini und ich in eine Kaschemme verbracht, die stark an westdeutsche Softdrogenumschlagplätze Mitte der 70er Jahre erinnerte. *Ne dufte Pinte* nannte man damals solche Brutstätten des schlechten Geschmacks, und eine nähere Betrachtung der Jugendkultur in den „Fünf Neuen Meckerecken“ (G. Henschel) legt den Schluß nahe, daß die Ostjugend — leider, leider — zwanghaft all das ehemals modische Geöle der früheren Westjugend nahezu identisch nachzuholen hat; jener Keller, in dem Mähnen, ja *Matten* zu scheußlichstem Bluesrock geschwungen und geschüttelt und Joints auf affigst-inszenierteste, kultische Weise verkasematuckelt wurden, legte beredtes Zeugnis ab von der bedauerlichen Unmodernheit der lokalen Jugend.

Zum Schlafen taten uns unsere Gastgeber in ein ca. sechs Kilometer außerhalb gelegenes Neubaugebiet im Stil jener *Plattenbauweise*, von der daabe (vom Vogtländischen ins Deutsche übersetzt: dämliche) Bundis stets so händeringend empört zu berichten wissen; viel empörender als ein paar Betonplatten aber ist es doch, wenn zwei vor Müdig- und Schwummrigkeit wehr- bis hilflose Personen aus Gründen schierer Kostenersparnis (merke: alternativ = geizig) in ein Zimmer der Bibliothek im Verbraucherzentrum Chemnitz, kurz *VZ*, zur Nachtruhe zwischengelagert und schon am Eingang darauf hingewiesen werden, was alles verboten ist: *„Das Betreten der Rampe ist untersagt!“*, hieß es da,

„Parken nur für Bibliothek“ und *„Rauchen verboten“*.

Für diese grobe Unhöflichkeit entschädigten wir uns, indem wir uns an den ohnehin äußerst lieblos aufgestapelten Büchern schadlos hielten. Kollege Stein griff sich *No Pasaran! Romanzen aus dem Spanienkrieg*, und um die arg herabgesunkene Stimmung wieder aufzupäppeln, trug er den Krempel in lupenreinem Sächsisch vor: *„Aufgeschreckt durch solches Stieben / stehen die Olivenbäume. / Wohin jagt ihr, schwarze Klepper? / Wer bestieg euch, schwarze Klepper? / Schmerz, so nennt sich unser Reiter, / Dolche, das sind seine Sporen. / Wir sind ausgesandt vom Tiefland, / Andalusien, Land der Sonne, / Land des Jodes und des Meeres / und des Salzes und des Sandes, / um die Welt geht unsere Reise, / unsere Pein hinauszuschreien: / In Granada, seiner Heimat / früherer Tage sich erinnernd, / fiel ermordet Frederico, / unser dunkel glühnder Dichter.“* Wenn Kommunisten Verse schmieden, dann glühen selbst die Dichter, dunkel natürlich auch noch.

Während Stein im sauren Akzent der Sachsen weitermachte und sich in eine Art Rausch hineindeklamierte — *„Dunkler Glanz der Energien, / wie ein Stahl, wenn er gehärtet, / stark und froh im Kampfgetümmel, / offenes Lachen des Gesunden. / Fünftes Regiment! Ein Wogen / tapferer, beherzter Männer* usw. —, blätterte ich in Kurt Tucholskys als Einschlaflektüre bestens geeigneter Erzählung *Rheinsberg*; was für ein neckischer, läppischer, hühühüheiterer Kram und Tineff, *„Glaubssu, daß es hier Bärens gibs?“* u.ä. süßliches Zeug, genau der Tucholsky, der den Leuten so gut gefällt, die ihn kumpelig-anwanzerisch *Tucho* — warum eigentlich nie *lsky*? — nennen, wie Zwerenz, Raddatz etc., man müßte überhaupt mal, dachte ich noch, die Legende Tucholsky entstauben, sich das alles mal ganz genau und differenziert ankucken, was der alles so geschrieben ..., und während ich in tiefen Schlaf sank, um Körper, Seele und den geschundenen Geist zu erquicken, schnädderätängte im Hintergrund noch immer Kollege Stein: „*Miliciano, Miliciano, / du trägst um den Leib gegürtet, / einem gläsernen Verhau gleich / schwarze Dynamitpatronen ...*"

Am nächsten Morgen verließen wir den ungastlichen Ort, nicht ohne noch ein paar Schachteln mit Dias vom *Institut für Film, Bild und Ton (IFBT)* einzustecken; es handelte sich dabei um Lichtbilder aus der menschlichen Anatomie, Hals, Schlund, Gleichgewichtsorgan, der Schädel als Ganzes, Nase und Nasennebenhöhle, all das war prächtig modelliert und auf Diafilm abgeknipst worden, sehr aufschlußreich.

Ein mittlerer Gewaltmarsch durch Schneematsch und Schlamm brachte uns zu einer Bushaltestelle; der Busfahrer, der uns von dort zum Bahnhof chauffierte, nahm uns mit, obwohl es uns an Kleingeld gebrach, ja, er ließ auf diese Weise eine Art offiziell gestattetes Schwarzfahren zu und war insgesamt so freundlich, gutgelaunt und hilfsbereit, daß er als Busfahrer nur verkleidet gewesen sein kann, ja muß, denn die Angehörigen dieser Berufsgruppe begreifen es im allgemeinen als ihren Daseinszweck, mit herausgekläffter Pampigkeit und einem guten Schuß Sadismus anderen ihre Tage zu vergällen.

In Halle/Saale, unserer nächsten Station, hatten wir einen Tag Pause, *a day off*, wie wir international gewieften Auftrittsprofis so sagen. Dies gab uns Gelegenheit, ausgiebigst nach dem rechten zu sehen und die Stadt gründlich zu inspizieren. Alle Naslang lockte ein *Super-Schnäppchen*, auf dem Weihnachtsmarkt wurde *Freude durch Gewinn* versprochen, der Mitteldeutsche Rundfunk hatte einen Ü-Wagen abgestellt, auf dem *„mdr life“* stand — nein, sie wissen es wirklich nicht besser. *Pakete für Kroatien* konnten lt. Aushang *hinter der Kirche* abgegeben werden, ein paar Meter weiter wurde von einer aufgestellten Schautafel die friedliche Koexistenz der Menschen beschworen: *FREMDENHASS BRINGT KEINEM WAS !* Tja, wenn der Fremdenhaß ein einträgliches Geschäft wäre, dann wäre das natürlich etwas anderes — oder was sonst wollte uns das Christenplakat sagen?

Männer, die es für eine gute Idee halten, in karierten Hosen herumzulaufen, kamen uns in ebenso großer Zahl entgegen wie Frauen in hautengen, kreischbunten Leggings, die die Wurstartigkeit ihrer Beine leider höchst fatal und äußerst unvorteilhaft unterstrichen. Mehrfach sah ich ein Plakat folgenden Inhalts: *„Heißes Essen zum Mitnehmen — 20% Rabatt — am besten ... aromadicht versiegelt — in den wärmeisolierenden ALX-Außer-Haus-Thermo-Menüschalen — ... nichts läuft aus!“*, das von einem bärtigen Mann mit Kochmütze verziert wurde, der den rechten Zeigefinger und Daumen zu einem „o“ formte, das wohl soviel wie „sehr gut“ oder „lecker“ bedeuten sollte. Auf die kleinbürgerliche Weise verwahrlost und entseelt erschien die Hallenser Innenstadt, eine Fußgängerzone, wie es sie in jeder deutschen Stadt gibt, vollgepackt mit Menschen, deren Wünsche und Bedürfnisse mit einer *Außer-Haus-Thermo-Menüschale* leicht und vollständig befriedigt werden können. Vollends erschütternd aber war dann der Anblick des Herdenauftriebs vor dem örtlichen Kino: Mehr als 100 Meter lang stand Halle Schlange für ausgerechnet *Friedhof der Kuscheltiere II*, und da wußte man wieder, warum die DDR früher bei vielen nur *Der Doofe Rest* geheißen hatte.

Im *Boulevard-Café am Leipziger Turm* suchte man Erholung und Rast von dieser betrüblichen Hallenser Wirklichkeit, vergeblich; nur noch tiefer wurde man in den Strudel der alltäglichen, banalen Zumutungen gerissen. Im Radio lief Phil Collins, der Ohrenzwang für leidende Angestellte, die Pest des Äthers, und wollte und wollte nicht weichen; es gibt ja mittlerweile Radiosender, denen es gelingt, 25 Stunden am Tag Phil Collins zu spielen, und dieser hier war einer davon. Auf noch in Chemnitz gekaufter Bütte schrieb ich Briefe an liebe Menschen in der Ferne: Bütte, bütte, ich will hier raus ...

Unsere Bleibe in Halle war identisch mit unserem Auftrittsort: das seit 1990 besetzte Haus Kellnerstr. 10a, mitten in der Innenstadt gleich neben der *Kaufhof*-Baracke gelegen, ein *Filetgrundstück* nennen journalistische Phrasenschmiede so etwas immer. Freundlich, ja herzlich wurden wir aufgenommen, ein Hausbewohner räumte für den Kollegen Stein und mich sogar sein Doppelbett, um einerseits auf einer allenfalls liliputanertauglichen Chaiselongue zu nächtigen. Rührseligkeit ist mir fremd; dennoch wußte ich diese im Prinzip selbstverständliche Geste der Gastfreundschaft sehr zu schätzen; in Magdeburg z.B. hatte mich ein Jahr zuvor ein sich ansonsten sehr nett gebender junger Mann im Anschluß an eine Lesung darüber aufgeklärt, daß ich auf seinem auch noch extrem verdreckten Fußboden zu schlafen hätte, was ich achselzuckend tat, denn um drei Uhr in der Frühe und wildfremd in der Stadt hat man keine Alternative. Die Hallenser Hausbesetzer glichen den beschränkten Komfort ihrer Behausung durch viel Freundlichkeit aus, auch untereinander; was bleibt einem auch übrig als Gemeinsinn, wenn der Wind durch zugige Fenster pfeift, es im Haus penetrant nach Katzenpisse stinkt und man zudem von Hausbesitzern, der Polizei und evtl. herummarodierenden Nazibanden bedroht ist? Das kollektive Leben, das hatte man schon Anfang der 80er Jahre in Berlin feststellen können, funktioniert so lange, wie äußere Feinde vorhanden sind; bleiben die Kollektivisten eine längere Zeit sich selbst und ihren internen Konflikten ausgeliefert, ist schnell zappenduster, und das Gemeinschaftswerk zerbröckelt ganz simpel an Kleinig- und Kleinlichkeiten, bevorzugt an unterschiedlichen Vorstellungen über den maximalen Schamhaarbefall im Bad.

Im Parterre gelegenen Lokal der Kellnerstr. 10a kam es jetzt zu einer Grundsatzdebatte; ein Köter war seiner namensgebenden Tätigkeit nachgegangen und hatte in den Raum hineingekotet, und das Thema „Hunde — ja oder nein?" wurde leidenschaftlich diskutiert, wobei der Anlaß des Streits seltsamerweise nicht entfernt wurde. Als ehemaligem und langjährigem Wohngemeinschaftsaktivisten waren mir derartige Verhaltensmuster nur zu vertraut, und ich trollte mich.

Im Fernsehn wurde an diesem Tag — es war der 13.12.1992 — ein angeblich *antirassistisches Konzert* unter dem Motto *Heute die, morgen Du* aus Frankfurt/Main übertragen; als ich das selbstgefällige, selbstgewisse, in der eigenen Gesinnung sich sielende, mieseste Musike und flacheste Texte verbreitende deutsche Kumpelrock-Establishment sich selbst abfeiern sah, hielt es mich nicht auf meinem Stuhl; impulsiv bat ich Steini, mir eine Glatze zu schneiden bzw. zu rasieren, und ohne jedes Zaudern kam er meinem dringlichst geäußerten Wunsch nach; nein, auf der Haß-und Ekelskala gleich nach den Nazis kam die Bagage von kunstgewerblerischen, weizsäckerisierten Ich-bin-ein-guter Deutscher-Deutschen, die angesichts ermordeter Ausländer öffentlich den staatsbürgerlichen Kammschwellen ließen zum Beweise ihres Gutseins. Ha! Fort mit den langen, ohnehin viel zu jesusmäßig sich krüsselnden Locken! Um keinen Preis auch nur entfernt aussehen wie z.B. Wolfgang Niedecken, der auch noch ständig „mit Nazis reden" will — in welcher Sprache bloß? Kölsch? Pidgin-deutsch?

Erfreuliches dagegen war zu hören von der *Autonomen Anfifa Halle*. Auch sie ging singen, und zwar Weihnachtslieder im Altersheim. Ganz übel, dachte ich zunächst, die wollen alte Leutchen zu Tode erschrecken, aber diese Unterstellung griff nicht; der Hallenser Autonome kommt nämlich, im Gegensatz zu seinem Berliner Pendant, ganz und gar ohne martialisches Modedesign, ohne die Insignien von knallhart und kampferprobt aus. Beim Weihnachtsliedersingen dieser Jungmenschen, etwas, über das man sich sehr leicht belustigen kann, schien es sich im Gegensatz zum ersten etwas albernen Eindruck, den so etwas macht, um einen Rest von Erziehung und Manieren zu handeln, etwas, das man ja gerade in dieser Szenerie oft schmerzlich vermissen muß.

Mit einer Glatze herumzulaufen, das durfte ich zügig feststellen, ist eine anachronistische und keineswegs mißverständnisfreie Angelegenheit; zuweilen hatte es Züge eines Selbstversuchs. Denn konnte ich froh sein über Menschen, die mich auf der Straße anlächelten, freundlich zu mir waren? Mußte ich mich nicht eher freuen über solche, die mir mißtrauisch, feindselig, ja gewaltbereit sogar, herausfordernd ins Auge schauten? Wie konnte ich ihnen den vielbeschworenen *soziokulturellen Kontext* bzw. *Subtext* zur Frisur innerhalb nur eines Augenblicks mimisch und gestisch vermitteln? Wäre es nicht ein über die Maßen idiotischer Tod, von politisch ähnlich Gesinnten irrtümlich, aus Versehen, weggehauen zu werden, nur weil man sich aus Ekel vor peinlichen Deutschrockern den Kopf rasieren ließ? Und war es nicht andererseits furchtbar unangenehm, in Rostock von einem offenkundig rechtsradikalen Taxichauffeur eingeladen zu werden: „Na, Genosse, wo willste denn hin? Mach ich für lau"? — Den unsittlichen Antrag konnte ich ebenso abbiegen wie das diverse Male von jungen Türken nonverbal demonstrierte Angebot zu einer Schlägerei; im Moment aber befand ich mich noch immer in Halle/Saale, wo ich stellvertretend für die langschlafenden Gastgeber die Post entgegennahm und auf diese Weise, per Absender, die für mich sensationelle Neuigkeit erfuhr, daß es in der Schweiz ein *Institut für Feministische Geographie* gibt. Worüber die wohl mit den Hausbesetzern korrespondierten? Über BergInnen? Über Mulden statt Gipfel? Ich werde es wohl nie erfahren.

Ständig wurde man auf dieser Lese- und Dienstreise (Ost) darauf angesprochen, wie das denn nun sein, bei einer Zeitung wie *Neues Deutschland* als *Schlachtenbummler*-Kolumnist beschäftigt zu sein; wie es sich denn mit Leuten zusammenarbeite, die tatsächliche oder auch bloß angebliche Leichen im Keller hätten und entsprechend verbogenes

Zeug zusammenschrieben; die bei *Super* Redakteur gewesen seien und sich jetzt als Moralapostel gerierten; mit ge-, wenn nicht zerbrochenen Figuren, die unter ständigem Rechtfertigungszwang und mit einem notorischen „Entschuldigen Sie bitte, daß es mich gibt“ auf dem Gesicht herumliefen. Tja — was sollte ich da tun als mich auf mein verbrieftes Rederecht als Kolumnist berufen und ansonsten deutlich machen, daß *Loyal* der Name des *Aldi*-Hundefutters ist?

Unsere Reise neigte sich dem Ende zu. In Brandenburg wurde in den Club, in dem wir lasen, hineingeschossen, aber da die Lesung im Keller stattfand, die Schüsse aber nur die Scheiben des Cafés im Parterre trafen, winkten unsere jugendlichen Veranstalter nur ab: „Jaja, die Nazis. Seitdem die lokale Antifa ihnen ein paarmal aufs Maul gegeben hat, schießen die nur noch aus dem fahrenden Auto raus. Kannst du vergessen.“ Die Leute gefielen mir, und wild tanzten wir die Nacht durch, zu guter, moderner Musik.

Ohne geschlafen zu haben, fuhren wir morgens zurück nach Berlin. Gab es ein Resümee nach einer Woche Osten? Nur dieses: Bei den klugen Leuten war die Euphorie des erfrischenden *Anything goes* aus der Wende- und Umbruchzeit längst der Ernüchterung über die Erkenntnis der Machtstrukturen gewichen. Ansonsten verschärfte sich unter den Landsleuten nur das, was es immer gegeben hatte: Je mehr Deutsche zusammenkommen und auf einem Haufen sich befinden, desto dümmer und gemeiner werden sie. Im Verein mit seinen Brüdern und Schwestern läuft der Deutsche der Chimäre der *nationalen Identität* hinterher, die ja allein darin besteht, daß er ihr kollektiv hinterherrennt — da beißt die Maus kein' Faden ab bzw. sich nur selbst in den Schwanz. Ein nölend und stänkernd geäußerter Minderwertigkeitskomplex, eine zähe Mixtur aus sich wechselseitig bedingender Kleingeistig- und Größenwahnsinnigkeit, eine besonders abstoßende Kombination aus Feigheit, Brutalität und Wehleidigkeit, gewürzt mit reichlich schlechtem Geschmack: das ist deutsch.

Sie müssen nicht einmal persönlichen Haß empfinden auf die, die sie umbringen; es genügt, wenn diesen autoritären, d.h. nach oben buckelnden und nach unten tretenden Charakteren gesagt wird, es müsse eben sein, und schon tun sie's.

Warum das so ist? Gottes Wille? Fügung? Schicksal? Bruchsal? Ich vermag es nicht einmal zu erahnen.

Nur eins weiß sicher, wer unter die Deutschen fiel: In Kopfhöhe wird die Luft dünn.

Antrag an meine lieben Mitmenschen

Würden Sie bitte alle, ja, unbedingt und ausnahmslos alle, 24 Stunden am Tag, rund um die Uhr, ohne Pause und lebenslang, ein Schild mit dieser Aufschrift um Ihren Hals tragen:

Das Elend hat viele Gesichter
— wie gefällt Ihnen meins?

Das stünde Ihnen allen nämlich sehr gut zu Gesicht.

INHALT